MARW
CHWERTHIN

MARW CHWERTHIN

Cyffesion Comedïwyr Cymru

Golygwyd gan Susan Roberts

y Lolfa

Argraffiad cyntaf: 2025

Cynllun y clawr: Sion Ilar

Hawlfraint lluniau: Sioned Birchall (*Aled Richards*);
Chloe Michelle (*Carys Eleri*); ffotoNant (*Hywel Pitts*);
Andy Hollingworth (*Caryl Burke*); Dai Lloyd (*Gary Slaymaker*)

Rhif Llyfr Rhyngwladol: 978 1 80099 759 2

Dymuna'r cyhoeddwyr gydnabod cymorth ariannol
Cyngor Llyfrau Cymru

Cyhoeddwyd ac argraffwyd yng Nghymru
ar bapur o goedwigoedd cynaliadwy gan
Y Lolfa Cyf., Talybont, Ceredigion SY24 5HE
e-bost ylolfa@ylolfa.com
gwefan www.ylolfa.com
ffôn 01970 832 304

Cymryd y Meic

SUSAN ROBERTS

Mae gan bob digrifwr ei resymau ei hun dros gymryd y meic a throedio i fyd comedi, boed ar y llwyfan neu ar y sgrin, fel therapi, gyrfa, yr awydd i wneud i bobl i chwerthin… neu'r angen i dalu bil trydan. Ac mae nifer o Gymry Cymraeg wedi cael cryn lwyddiant ym maes stand-yp yn rhannu eu sylwadau digri am fywyd ac yn tynnu blewyn o drwyn y sefydliad, yn eu mamwlad, ar draws y ffin a thu hwnt. Ond mae'n debyg nad yw bwgan a hunllef dragwyddol y gìg trychinebus byth yn mynd i ffwrdd, ac mae rhestr y pethau sy'n gallu mynd o'i le yn faith. I'r bodau dynol hynny sy'n dewis gyrfa fwy confensiynol mae diwrnod gwael yn y swyddfa yn gallu golygu llungopïwr wedi torri neu broblem gyda'r cyfrifiadur, ond ym myd comedi mae'r heriau galwedigaethol yn gallu cynnwys yr heclar meddw, tawelwch llethol y gynulleidfa, neu dwll o leoliad. Ac mae terminoleg byd stand-yp yn adlewyrchu natur ddidrugaredd y gwaith. Mae gìg da yn golygu 'lladd y gynulleidfa' a gìg gwael yn golygu 'marw' ar y llwyfan.

Hoffwn ddiolch i ddeg digrifwr y gyfrol hon am rannu eu profiadau am y troeon trwstan hynny pan fo'r gìg wedi mynd *off-piste*, i'r Lolfa am roi'r profiadau hynny rhwng dau glawr ac i Cedron Sion am ei ofal wrth roi'r gyfrol hon at ei gilydd.

Mae *Marw Chwerthin* yn deyrnged i'r comedïwyr sydd yn ein diddanu, er gwaetha'r amgylchiadau. Mae'n jobyn a hanner.

Gwell Comedi Slac Na Llwyfan Slic

MEL OWEN

Tua dwywaith yr wythnos mae rhywun yn gofyn i fi pam fy mod i'n gwneud stand-yp. Ers i fi lansio gyrfa yn y byd unigryw yma dair blynedd yn ôl, rydw i wedi bod yn ceisio meddwl am ateb digonol. Rydw i'n gwybod yr ateb gonest – rydw i'n hoff o fod y prif gymeriad. Ond galla i ddim dweud hynny wrth bawb, na alla i? Felly, yn lle'r gwir, rydw i'n parablu ymlaen am hoffi gwneud pobl yn hapus, hoffi dod â bach o lawenydd i fywydau pobl, hoffi darparu llygedyn o oleuni mewn byd tywyll... rhyw rwtsh fel 'na.

Gan roi fy #MainCharacterEnergy i un ochr jyst am funud, rydw i'n teimlo'r cyfrifoldeb i wneud pobl yn hapus yn pwyso ar f'ysgwyddau bob tro rydw i'n cymryd y meic. Mae'r wynebau sy'n edrych yn ôl arna i wedi talu arian i fod yna, heb sôn am drefnu gofalwr i'r plant, gyrru'r holl ffordd i'r lleoliad, falle cael domestig bach ar y siwrne, dod dros y domestig, talu am barcio (a dydy parcio byth yn tshêp, nadi?!)… Maen nhw wedi ymrwymo tipyn i gael noson hyfryd llawn adloniant a chwerthin, ac mae'r pŵer i ddinistrio hynny'n llwyr yn fy nwylo i.

Mae hyn yn swnio'n ddramatig, ond rydw i wedi'i weld e'n digwydd. Unwaith, mewn clwb comedi ym Mae Caerdydd, bues i a thri chomedïwr arall yn cuddio'n hunain yn yr ystafell werdd tu ôl i faricéd – fel yn act olaf *Les Misérables* – achos bod y gynulleidfa wedi gwylltio gymaint. Roedd MC y noson mor feddw, wnaeth o dywallt ei ddiod i gyd dros rywun yn y rhes flaen, dweud yr un jôc dair gwaith, anghofio enwau'r acts i gyd, ac yna dweud rhywbeth oedd yn croesi'r llinell o ran yr hyn sy'n dderbyniol. Yn naturiol, roedd y dorf eisiau eu harian yn ôl, ac yn ôl y bango di-baid ar ddrws yr ystafell werdd, roedden nhw eisiau bach o waed hefyd.

Galla i ddweud gyda fy llaw ar fy nghalon, fy mod i erioed wedi dinistrio gìg trwy esgeulustod fel wnaeth yr MC ar y noson honno. Dydw i ddim yn yfed dropyn cyn mynd ar lwyfan, felly does dim lot o siawns bydda i'n tollti peint o Stella dros aelod o'r gynulleidfa ac yna'n dweud rhywbeth hiliol… ond trwy gamgymeriad, rydw i wedi bod yr un sy'n suro'r noson. Fwy nag unwaith. Ac mae o'r teimlad gwaethaf yn y byd. Yn sefyll wrth y meic, dy ddeunydd yn cael ei ateb gan dawelwch llwyr, pen un aelod o'r gynulleidfa'n siglo'n araf gyda siom.

Un o'r troeon gwaethaf i fi farw ar y llwyfan oedd yn Hwlffordd. Os ewch chi i fynna, wnewch chi ddod o hyd i blac glas sy'n dweud:

'Hwlffordd – tref farchnad wedi'i gefeillio ag Oberkirch, a'r fan lle y bu i Mel Owen bron â dod â'i gyrfa gomedi i ben.'

Ro'n i tua blwyddyn mewn i gomedi a chefais i fy mwcio am gìg ar nos Iau. Roedd o lan lofft mewn bwyty byrgyrs, a'r munud y camais i mewn i'r adeilad ro'n i'n gallu teimlo'r saim yn bwrw fy nghroen. Wrth wrando ar yr MC yn siarad â'r dorf, dysgais fod o leia 20 o'r gynulleidfa yn athrawon yn un o'r ysgolion lleol, ac roedden nhw allan yn dathlu diwedd y tymor. Meddyliais am gwpwl o bethau i'w dweud, ro'n i'n meddwl fase'n ddoniol i athrawon, a'u bancio nhw yn f'ymennydd yn barod at fy amser i ar y llwyfan.

Camais ymlaen i gymryd y meic, cyflwyno fy hunan i'r gynulleidfa a gofynnais i un athrawes a oedd ganddi hoff ddisgybl yn ei hysgol. Edrychodd hi arna i fel 'tawn i wedi saethu cath o'i blaen hi. Rydw i'n ymwybodol mai nid *crowd-work* gorau'r byd mohono; do'n i ddim yn disgwyl i glip o'r sgwrs fach 'ma fynd yn feiral ar TikTok ac y baswn i'n gwerthu allan *arena tour* erbyn diwedd y flwyddyn. Ond do'n i chwaith ddim yn disgwyl i'r athrawes yma ymateb fel 'tai hon oedd noson waethaf ei bywyd. Dylswn i fod wedi symud ymlaen at rywun arall oedd heb gasineb pur y diafol yn ei llygaid, ond yn y gobaith o'i hennill hi rownd, gofynnais felly a oedd ganddi gas ddisgybl. Syllodd arna i gyda golwg ffiaidd am beth oedd yn teimlo fel awr. Y cyfan ro'n i'n gallu'i glywed oedd curiad fy nghalon yn bŵmian yn fy nghlustiau, a llais bach yn fy mhen yn f'atgoffa i bod stand-yp ddim yn yrfa i bawb. Yna llenwodd hi'r tawelwch wrth edrych i lawr y rhes a gofyn i'w chydweithwyr, *"Are they all going to be this shit?"*

Teimlais yr ocsigen yn gadael yr ystafell. Gyda diffyg hyder rhywun oedd 'mond blwyddyn i mewn i stand-yp, panicies i. Do'n i ddim yn gwybod beth i'w ddweud, felly ceisiais i jyst dechrau fy set heb gyfeirio at beth oedd pawb yn yr ystafell newydd ei glywed. Ond, wrth gwrs, doedd neb yn y gynulleidfa yn ymddiried yno' i rhagor. Roedd pawb, gan gynnwys fi, eisiau i fy set ddod i ben cyn gynted â phosib fel ein bod ni i gyd yn gallu symud ymlaen o'r trawma.

Ar yr un law, ro'n i'n gwybod bod y set oedd genna i yn eitha da. Ro'n i wedi'i defnyddio i ennill ambell gystadleuaeth, felly doedd y straeon ddim yn wael. Ond pan mae yna ferch ar y llwyfan yn ceisio adrodd y straeon yma gyda chwys nerfusrwydd yn poeri i lawr ei thalcen, dagrau yn ei llygaid a'i dwylo'n crynu fel dail, dydy hyd yn oed jôcs gorau'r byd ddim yn mynd i lanio'n llwyddiannus.

I wneud pethau'n waeth, dechreuodd rhai o'r athrawon siarad ymhlith ei gilydd yn eitha swnllyd. Gyda mwy o brofiad a hyder o dan fy melt erbyn hyn, nawr baswn i'n dweud rhywbeth amdanyn nhw ond yn gwastraffu eu hamser eu hunain. Ond ar y pryd, ro'n i am orffen fy set, cael fy nhalu a mynd adre heb ddechrau ffeit.

Pan orffennais i, camais oddi wrth y meic gydag ambell i glap nawddoglyd o'r gynulleidfa yn fy mocio i. Er 'mod i eisiau i'r ddaear fy llyncu, ro'n i jyst yn ddiolchgar am y rhyddhad bod y gwaethaf drosto. Ond, wrth gwrs, doedd e ddim wir drosto. Dim o bell ffordd.

Roedd llawr y stafell mor seimllyd efo'r holl fyrgyrs – synnwn i ddim bod y cogyddion yn fflipio'r blydi *patties* ar y llawr – ond roedd y lle'n dripian gydag olew a bloneg. Cymysgwch hynny gyda llwyfan sydd ar olwynion, a beth rydych chi'n ei gael ydy platfform sy'n llithro heb rybudd. Wrth i fi ddianc oddi ar y llwyfan, roliodd yr olwynion dipyn a chollais fy malans. Disgynnais mewn i'r sblits a chlywais fy *skinny jeans* yn rhwygo yn y man dwetha basech chi eisiau iddyn nhw rwygo. Mewn un ymdrech olaf i arbed y perfformiad trychinebus, rhoddais fy mreichiau yn yr awyr mewn siâp V, fel mae gymnastwyr yn ei wneud ar ddiwedd rwtîn. Ro'n i wedi rhoi'r gorau i dreial cael laff, ond ro'n i'n gobeithio y base fy V gymnasteg yn cael rhyw fath o gydnabyddiaeth, o leia. Ddaeth dim byd ond tawelwch llethol, a degau o lygaid yn syllu arna i – yn aros i weld sut ro'n i am gael fy hunan allan o'r sefyllfa yma.

Dydw i erioed wedi bod yn *genteel*, erioed wedi bod

yn *ladylike.* Pur anaml ydw i'n gwneud unrhyw beth y base unrhyw un yn ei ddisgrifio fel *graceful.* Pe bai Theatr Cymru yn cynnal cynhyrchiad Cymraeg o *Black Swan*, faswn i ddim ar y rhestr fer am y castio. A doedd yr achlysur yma, ym mwyty mwyaf llithrig Cymru, yn ddim gwahanol. Fel rhywun sydd ddim yn gyfforddus iawn yn gwneud y sblits, yr unig ffordd ro'n i'n gallu cael fy hunan yn ôl ar fy nhraed, oedd drwy lusgo un goes rownd ac yna gwneud rhyw fath o *teddy bear roll* nes bod y ddwy goes yn wynebu'r un ffordd eto. Wrth dynnu fy hun yn ôl ar fy nhraed, heb wneud unrhyw *eye contact* uniongyrchol gydag unrhyw un yn y gynulleidfa, sychais fy nwylo seimllyd ar fy jîns a cherdded yn syth allan o'r ystafell. Ddywedais i ddim "hwyl fawr" wrth yr acts eraill, dim gair o ddiolch i drefnwr y gìg... es i'n syth am y drws, i lawr y grisiau ac i gyfeiriad fy nghar lle y gallwn i feichio crïo heb unrhyw ymyrraeth na thystion.

Pan gyrhaeddais i fy nghar bach, yn aros amdana i ar y ffenest roedd nodyn llachar melyn. Ro'n i'n hanner gobeithio mai hysbysiad oedd o fy mod i'n cael fy alltudio 'nôl i'r Caribî. Mi oedd y *Windrush Scandal* wir yn gywilyddus, ond y funud honno baswn i wedi bod yn ddiolchgar iawn i'r llywodraeth am fy ngyrru i a 'nheulu i unrhyw le'n bell iawn o Gymru. Yn anffodus, jyst ticed parcio oedd e.

Dydw i ddim wedi bod yn ôl i Hwlffordd ers hynny. Does gen i ddim atgofion melys am y dre, y byrgyrs, na'r athrawon. Flwyddyn yn ddiweddarach, ces i wahoddiad i feirniadu eisteddfod yr ysgol lle roedd yr athrawon a oedd yn y gìg yn dysgu. Dydw i erioed wedi gwrthod gwahoddiad yn gyflymach.

'Ffan Mwya Bryn Fôn'... neu sut nesh i farw ar Noson Lawen.

GRUFFUDD OWEN

"**R**howch gymeradwyaeth arall i Bryn Fôn a'r Band!"

Gefn llwyfan mae'r gymeradwyaeth yn swnio'n ddigon cwrtais, ond fymryn yn sidêt. Cymeradwyaeth cynulleidfa deledu. Nid *uber-fans* chwil Bryn Fôn.

"Nesa ar Noson Lawen mae ganddon ni ŵr ifanc..."

Ydi 32 dal yn ifanc? Dadleuol.

"...sy'n disgrifio'i hun fel bardd, comedïwr, a chanwr gwerin gwael – fo sy'n deud hynny, cofiwch..."

Hmm... tydi'r hunan-ddifrïaeth ddim wir yn gweithio yn y trydydd person, nadi... ddyliwn i 'di darparu gwell jôc i'r linc?

"Rhowch gymeradwyaeth i Gruffudd Evans!"

Nid dyna ydi fy enw i... Ond mae'r gynulleidfa eisoes

yn clapio, felly dwi'n gorfod cerdded allan i ganol y llwyfan. Mae'r goleuadau yn ffiaidd o gry', a tydw i ddim wedi arfer. Dwi'n sefyll yno yn aros i'r gymeradwyaeth fer ostwng. Wn i ddim a ddyliwn i gychwyn canu ai peidio...

Mae llais y cyfarwyddwr cynorthwyol yn galw ar y cyflwynydd rhywle o'r düwch y tu cefn i'r gynulleidfa.

"Sori, allet ti wneud y linc 'na to? Ges ti'r enw'n rong."

Mae'r cyflwynydd yn camu'n ôl i'r llwyfan. Mae golwg 'di drysu arno fo. Dwi'n dal i sefyll yno fel lemon.

"Naddo, do?"

"Do."

"Be ddudish i?"

"Gruffudd Evans."

"A be 'di'i enw fo?"

"Gruffudd Owen."

Mae o'n sbio arna i – fel pe bai 'nghyfenw wedi'i datŵio ar fy nhalcen.

"Ma'n iawn," medda fi. "Dwi 'rioed 'di clywad amdana i chwaith!"

Tydi o ddim yn chwerthin. Mae golwg reit fflat arno fo.

"O, sori – o'n i'n meddwl na Evans oeddat ti."

Mae'r cyflwynydd yn cerdded yn ôl i ganol y llwyfan gan ailadrodd iddo'i hun.

"Owen... Gruffudd Owen."

Dwi'n gwrando ar y linc eto o gefn llwyfan... ia, ddyliwn i wir fod wedi meddwl am rwbath cryfach...

"Rhowch groeso mawr i Gruffudd Owen."

Dwi'n cerdded allan i gymeradwyaeth glaear y gynulleidfa – eisoes 'di blino ar orfod cymeradwyo ddwywaith ar gyfer y boi 'ma nad ydi hyd yn oed y cyflwynydd yn gwbod pwy ydi o.

Dwi'n dechra canu 'Ffan Mwya Bryn Fôn' ar yr alaw 'Rebel Wicend':

"*...Ond ar y nos Fercher, ei gŵr hi sy'n gwarchod*
y plant, mae nos Fercher yn eiddo iddi hi!
Mae'n rhoi trywsus maint deuddeg ar din sydd maint deunaw
achos heno 'di'r noson mae Bryn ar Maes B!

A dyna chi hi! Ffan mwya Bryn Fôn go iawn,
efo'i thop o Monsoon, a'i phads Tena Lady yn llawn.
Yn ffan o Bryn Fôn, tra bydd hi byw.
Mae hi'n gwybod fel ffaith mai Bryn ydi Duw!"

Does 'na neb yn chwerthin.

★ ★ ★

Doeddwn i 'rioed wedi bwriadu bod yn ddoniol ar lwyfan. Roeddwn i ishio bod yn fardd. Dwi dal ishio bod yn fardd, yn sgwennu am dranc, a chariad, a thynged, ac angau a darfodedigaeth a ballu… a hynny tra'n bod yn ddifyr ac yn secsi ac yn ddwys ac yn trajic.

Yn anffodus rydw i'n ddwîb, tindrwm, braidd yn lletchwith o Bwllheli. Nid bardd secsi na difyr mohonof. Ond dwi'n dallt sawl curiad sydd mewn limrig, ac felly, pan nes i ymuno efo tîm Talwrn, gesh i'r joban o sgwennu'r stwff ysgafn.

Gydag amser mi ddechreuais i gymryd rhan mewn stompiau. Mae stompiau yn well na'r Talwrn am y rheswm syml nad ydi'r cerddi'n cael eu darlledu ac felly mae ganddoch chi leisians i regi ac i fod yn ddi-chwaeth; a'r stomp orau bob blwyddyn oedd Stomp y Steddfod. Gyda chynulleidfa ddiwylliedig, ddi-chwaeth a chwil geiban roedd Stomp y Steddfod wedi'i hadeiladu ar gyfer fy mrand penodol o gyfeiriadaeth ddiwylliannol nîsh a rhegfeydd wedi eu treiglo. Mae cael degau os nad cannoedd o Gymry sy'n caru'n diwylliant, ond sydd hefyd yn fodlon chwerthin ar ei phen hi, mewn un stafell yn brofiad prin. Tydi Peter Kay byth yn mynd i gymryd y *piss* o'r archdderwydd, felly waeth i mi wneud hynny ddim.

Yn Eisteddfod Meifod 2015 roedd Bryn Fôn yn hedleinio ym Maes B ar y nos Fercher. Roedd hi'n gìg ysgubol. Y lle'n llawn arddegwyr, ffermwyr, gwleidyddion a lot o bobol canol oed yn ail-fyw eu hieuenctid i gyfeiliant 'Gwlad y Rasta Gwyn'. Mae 'na rai Cymry yn meddwl bod nhw'n rhy dda i Bryn Fôn. Tydach chi ddim. Mae Bryn Fôn (yn enwedig yn ei flodau

Sobinaidd) yn gynhenid wych. Mae'n diwylliant ni'n haeddu goroesi ar sail ei fodolaeth o yn unig. Dwi'n siŵr bod Bryn wedi cael plant, mamau a neiniau ambell deulu yn sgrechian arno yn eu tro yn ystod ei yrfa.

Ond mae ceisio esbonio Bryn Fôn i rywun sydd ddim yn rhan o'r diwylliant Cymraeg yn her. Sut mae rhywun yn dechra gwneud cyfiawnder efo ystod ei yrfa a'i statws fel eicon? "Imagine if Robbie Williams also played Rodney in *Only Fools and Horses*… and he's a dramatic actor… and a 90s sex symbol."

> *"Mae hi'n cyrraedd y gìg yn barod i joio,*
> *wedi swopio y Merlot am seidar a blac.*
> *Cyn hir mae hi'n union fel tae 'nôl yn coleg*
> *a'i thafod (fel lastic ei nicer) yn llac!"*

Mi aeth fy mharodi o 'Rebel Wicend' i lawr yn rhyfeddol o dda yn Stomp y Steddfod, ac mi ddechreuais i ei pherfformio hi mewn ambell i noswaith farddol ar ôl hynny. Yn dilyn perfformiad ohoni mewn stomp i godi arian at Eisteddfod Caerdydd yn 2018 cefais wahoddiad i berfformio'r gân ar y teledu ar *Noson Lawen* oedd yn cael ei recordio yn Llandudno; un y byddai Bryn Fôn ei hun yn perfformio ynddi.

O edrych yn ôl, efallai y dyliwn i fod wedi gwrthod y cais. Mae canu cân sy'n dychanu Bryn Fôn a'i ffans (hyd yn oed mewn ysbryd) fymryn fel gwneud dynwarediad o'r Frenhines yn y Royal Variety Performance…

"A dyna chi hi! Ffan mwya Bryn Fôn reit siŵr.
Pan welith hi o, mae hi yn anghofio ei gŵr.
Yn ffan o Bryn Fôn, ac er bod o'n hŷn
ac efo hanner y gwallt, mae o'n ddwbl y dyn."

Ond mi gafodd fy ego (a'r cyfle i fod ar y teledu) y gorau ohona i ac mi gytunais i gymryd rhan yn y rhaglen. Byddai angen newid ambell beth am y gân, wrth gwrs, gan gynnwys newid yr ebychiad 'ffoc off' i 'no wê' ac ati, ond materion bach oedd rheiny, roeddwn i'n dal yn hyderus y byddai'r gân yn gweithio o flaen cynulleidfa *Noson Lawen*… (sboilar… roeddwn i'n rong).

Ar ein tinau o flaen y sgrin adra, rydan ni'n tueddu i anghofio fod creu rhaglenni teledu yn ffaff. Weithiau mae 'na broblem efo'r goleuo, neu'r sain, neu mae angen ail-ffilmio linc. Mae 'na lot o din-droi. Ac mae lot o din-droi yng nghwmni pobol dwi ddim yn eu nabod yn fy neud i'n anghyfforddus. Er mwyn ffilmio fy un perfformiad tri munud a hanner, roedd rhaid i mi fod yn Venue Cymru Llandudno am chwech awr a hanner.

Tasa gen i bersonoliaeth fwy, ella y byddai'r petha ma'n haws ond dwi'n foi reit swil yn y bôn. Mae rhai pobol yn cadw'n dawel achos bod nhw ddim yn licio pobol. Rydw i yn licio pobol, ond mi rydw i hefyd eu hofn nhw braidd! Dwi'n foi serchog ond swil. Felly mi dreulish i ran helaeth o'r diwrnod jyst yn gwenu a nodio at bobol – ond yn deud fawr ddim… oni bai am ateb yn gwrtais pan oedd rhywun yn gofyn, "Sori, pwy wyt ti…?".

Mae'n well gen i wneud ffŵl o fi fy hun ar lwyfan, neu gyhoeddi cerddi eithriadol o bersonol yn hytrach na thrio gwneud sgwrs efo pobol dwi ddim yn eu nabod. Am y rheswm hwnnw, nesh i ddim wir fwynhau rhannu stafell werdd efo Bryn Fôn a'r band. Roedd pawb yn ddymunol a chlên efo fi... ond blydi hel, ro'n i'n teimlo allan o le yn y stafall 'na.

'Di o ddim yn helpu y medri di gael dy roi ar teli yng Nghymru heb, o reidrwydd, fod yn enwog o gwbwl. Oni bai eich bod chi'n ffans selog o Talwrn y Beirdd, fyddai ganddoch chi ddim syniad pwy oeddwn i. I Bryn a'r band ro'n i jyst yn... ryw foi... ryw foi yn cymryd y *piss*.

"A dyna chi hi! Ffan mwya Bryn Fôn myn dián!
Mae o'n rhywiol o hyd, a'i wallt cyn ddued a'r frân.
Yn ffan o Bryn Fôn, mae hi'n caru Bryn,
Ers pan oedd o'n ddel ac yn gwisgo jîns gwyn!"

★ ★ ★

Dwi'n cyrraedd diwedd y perfformiad. Nes i gofio'r geiriau i gyd, nes i ddim baglu a dwi'n dal mewn tiwn(ish)... ac eto mae gen i deimlad annifyr yn fy mherfedd. Mae 'na gymeradwyaeth... ambell i *woop* hyd yn oed... *woop*iadau fy ngwraig a'i ffrind, dwi bron yn sicir... yn hapus fod y cyfan drosodd. Pan dwi'n cerdded oddi ar y llwyfan toes 'na neb yn medru edrych i fyw fy llygaid. Mae'r recordiad yn cario 'mlaen i'r eitem nesa... dwi'n teimlo'n wag tu mewn.

Yn y car ar y ffordd adra, dwi'n troi at fy ngwraig.

"O'dd yr acwstics yn rhyfadd doedd? O'r llwyfan, do'n i'm yn gallu clywed y gynulleidfa'n chwerthin."

Mae 'ngwraig yn edrych arna i gyda chymysgfa o gydymdeimlad a dirmyg.

"O."

"Y peth gwaetha oedd," medda hi, "o'n i'n gwbod sawl pennill oedd gen ti ar ôl... o'n i'n gweddïo y basa ti'n torri pennill neu ddau..."

Dwi'n meddwl bod fy ngwraig druan wedi cael ei chreithio gan y profiad yn fwy nag y ces i.

"O'n i'n teimlo fel Siwan yn gwylio Gwilym Brewys yn cael ei grogi... o'n i jyst ishio chdi neidio."

Awtsh.

Mae 'na sawl theori pam i mi farw mor ogoneddus ar lwyfan *Noson Lawen*. Fy hoff theori ydi bod y gynulleidfa wedi ei ffurfio yn bennaf o gefnogwyr un o'r corau lleol, sef pobol oedd naill ai ddim yn gwybod pwy oedd Bryn Fôn, neu (gwell byth) ddim yn siarad Cymraeg. Hwnna ydi'r esboniad caredicaf i mi... ond y gwir ydi, dwi'n meddwl, mai rhywbeth arall oedd yn gyfrifol. Roedd y gân wedi ei cham-bitshio. Fel mynd i glwb nos yn barod i wneud dawns y glocsen, neu mynd i dwrnament tenis efo ffon hoci; mi ddesh i â'r twlsyn rong i'r joban.

Rhywle yn fy mêr mae gen i hefyd amheuon a oes na rwbath braidd yn annifyr am y gân. Oes 'na awgrym o fisojani am wneud hwyl am ben dynas ganol oed yn mwynhau ei hun? Dwi'n gobeithio ddim – dwi ar ochr y ffan bob cam, ond tasach chi'n gofyn i mi a faswn i'n sgwennu hi heddiw, berig mai "na" fyddai'r ateb.

Mae fy mherfformiad ar gael i'w wylio ar ei hyd ar YouTube… Dwi'n methu ei wylio fo 'nôl. Dwi 'di trio sawl gwaith. Ond mae o jyst yn rhy boenus. Dyma'r disgrifiad o'r fideo a ddarparwyd gan S4C:

'Tynnu coes a hwyl gyda Gruffudd Einion Owen…

(eto, nid fy enw, ond OK)

…ar Noson Lawen wrth iddo berfformio parodi yn dwyn y teitl 'Ffan Mwya Bryn Fôn' ar alaw 'Rebel Wicend'.'

O wylio eiliadau cynta'r fidio, mae'n boenus o amlwg nad ydi fformat *Noson Lawen* wedi ei greu ar gyfer canu di-gyfeiliant. Mae angen bacing. Mae 'na hefyd reswm da pam fy mod i ar y radio yn amlach nag ydw i ar y teledu. Efallai bod y goleuo'n garedig ond tydi fy ngenynnau i ddim. Mae Bryn Fôn ar ei bensiwn yn edrych yn well na fi, sydd i fod ym mlodau 'nyddiau.

Un o'r pethau rhyfeddaf am y profiad ar ei hyd ydi nad ydi o wedi fy nghreithio i cymaint ag y baswn i'n ei ddisgwyl. Mi ddylai'r fath farwolaeth gyhoeddus fod wedi lladd pob awydd yndda i i sgwennu na pherfformio'n gyhoeddus fyth eto. Roeddwn i'n lwcus i raddau bod y profiad wedi ei ddilyn ychydig fisoedd yn ddiweddarach gan Eisteddfod Genedlaethol Caerdydd ble nes i ennill dwy stôl Stomp a chadair.

Afraid dweud, tydw i ddim wedi cael fy ngwahodd yn ôl i berfformio ar *Noson Lawen*. Mae hynny'n deg. Mae cynhyrchwyr y *Noson Lawen* yn bobol gall a theg. Tydw i chwaith ddim wedi gweld Bryn Fôn, nac wedi perfformio'r gerdd 'Ffan Mwya Bryn Fôn' ers hynny. Tasa Bryn Fôn yn penderfynu ei fod o am fy nghasáu i am byth, byddai hynny hefyd yn ddigon teg.

Do. Mi nes i farw ar *Noson Lawen*. Ond duwcs... dio'r ots, nadi?!

Weithia, ti'n methu ac wedyn ti'n symud ymlaen. Ond weithia dwi'n troi at fy ngwraig ac yn dweud, "Hei... ti'n cofio fi'n marw ar *Noson Lawen*?" ac mae hi'n piso chwerthin.

"Haaaa! Pennill ar ôl pennill o ddistawrwydd llethol! Does 'na ddim gair Cymraeg sydd cweit yn cyfleu *humiliating*, nagoes?"

'Dan ni'n dau yn chwerthin hyd sterics ar yr atgof; a bryd hynny, mae'r holl brofiad yn teimlo werth o.

'Comedy now next door'

CARWYN BLAYNEY

Ar ddechrau 2022 fe symudais i Lundain i roi go ar yrfa mewn comedi. Ie, mae'n ddinas ddrud, ac mae'r dŵr yn blasu fel disel… Ond does dim lot o lefydd yn y byd sydd yn well am gyfleoedd comedi. Ac ar ddiwedd y dydd, dyw e ddim mor bell â hynny o Geredigion. Dim ond rhyw bump awr mewn car. Neu 36 awr os 'chi'n cymryd y trên o Gaerfyrddin. Ro'n i'n newydd sbon i stand-yp, ac rwy wastad yn meddwl pa mor lwcus oeddwn i bod y gìgs cyntaf yna wedi bod yn nosweithi pleserus iawn. Achos roedd Gìg Rhif Chwech… wel… roedd e'n brofiad.

Mae 'na lwyth o gìgs yn Llundain, felly yn fathemategol mae'n gwneud synnwyr bod lot fawr o gìgs yn rybish. Gìgs lle mai dim ond y comics eraill sydd yn y gynulleidfa, neu lle mae'r person sy'n bwcio yn rhywun eitha *unpredictable*… Ac mae lot o'r gìgs rybish rheini yn bethau sy'n cael eu galw'n "bringer gigs", sef gìgs lle mae angen i bob act ddod ag o leia un ffrind, er mwyn sicrhau bod 'na gynulleidfa. Yn y bôn, felly, mae'r gìgs hyn yn gofyn

Comedy will
now be held
next door
look past

i'r acts baratoi deunydd, perfformio'r deunydd, a dod â'r gynulleidfa hefyd. I gyd am ddim. *Good stuff*, e?

Ond mae'n rhaid gwneud y gìgs i gyd pan ti'n dechrau. Mae cael lot o amser ar lwyfan, mewn cymaint o wahanol lefydd â phosib, yn helpu'ch datblygiad fel stand-yp. Ac roedd y "bringer gigs" 'ma o leia yn gyfle da i wahodd ffrindiau newydd neu gomedïwyr eraill ro'n i ishe'u *impresso*. Ac ar gyfer Gìg Rhif Chwech, fe lwyddais i berswadio comic ro'n i'n ei hedmygu i fod yn "bringer" i mi. Dyma gyfle gwych i mi ddangos fy ngallu i, a thagio 'mlaen i rywun oedd yn creu argraff yn y sîn gomedi.

Pan 'chi'n cyrraedd lleoliad gìg, mae 'na nifer o bethau sy'n gallu hintio nad yw'r gìg yn mynd i fod yn *ideal*. Pethau fel… y meic wedi ei osod yng nghornel tafarn swnllyd, neu os oes gan yr ystafell nenfwd uchel sy'n mynd i sugno sŵn y chwerthin i gyd. Trwy siarad â chomediwyr eraill roeddwn i'n gyfarwydd â'r rhain. Beth doeddwn i ddim yn disgwyl ei weld wrth arwain Lara i'r lleoliad oedd bod *shutters* mawr metal yr adeilad i gyd ar gau, a darn bach o bapur ar un ohonyn nhw'n dweud, 'Comedy will now be held next door'.

I ddechrau, ro'n i'n ddigon optimistig. Falle bod y tocynnau wedi gwerthu mas yn llwyr a bod rhaid symud y noson i ryw theatr neu rywbeth. Ond na… nid yr Hammersmith Apollo oedd drws nesaf, yn anffodus. Ond caffi figan bach… iawn.

Aethon ni i mewn, gan obeithio bod 'na ryw *function room* perffaith ar gyfer digwyddiadau, neu ei fod e'n rhyw fath o *hidden gem* oedd wedi bod yn cynnal nosweithi comedi ers blynyddoedd maith.

"Table for two?" wedodd y person tu ôl i'r cownter.

"No, we're actually here for the comedy show?"

"What comedy show?"

Doedd trefnydd y noson ddim yno eto, ond roeddwn i'n gallu gweld cwpwl o bobl eraill oedd yn edrych fel comedïwyr conffiwsd – felly roedd rhaid ein bod ni yn y lle cywir. Tra'n bod ni'n aros i weld be oedd yn digwydd, fe gymeron ni sedd. Cynigiais beint i Lara, i gael treial edrych fel boi real cŵl ac yn hollol *unbothered* gyda'r dryswch. Fe es i lan at y cownter gan ofyn am lager i Lara a botel o Coke i fi.

"We don't do any beers, sorry."

"Just two Cokes then, please."

"We don't do Coke either. We just do some home-made, organic drinks. We have a lovely mulled cider at the moment?"

Yn eithaf optimistig, nes i ofyn, "Do you have anything that's a bit more suited for a comedy show?"

Nagoedd. Felly fe wnes i'n ffordd 'nôl at Lara gyda dau *mulled cider.*

Erbyn hyn, roedd hi wedi cael ei symud i fwrdd arall gyda'r comedïwyr eraill a'u "bringers" nhw, hynny yw y rhai oedd yn dal ar ôl. Roedd rhai wedi gadael yn barod. Bach o *pre-gig nerves*? Neu, falle bod ganddyn nhw hunan-barch. *Either way*, doedd y lle 'ma yn amlwg ddim yn addas i gynnal noson gomedi, nac unrhyw beth arall.

Fe aeth Lara i'r tŷ bach a dod 'nôl yn syndod o gyflym gan esbonio bod 'na arwydd ar ddrws y tŷ bach yn dweud, 'This door has no lock. Please just knock and ask if someone is using the bathroom'.

O'r diwedd, fe wnaeth trefnydd a compere y noson, Colin, ymddangos, yn chwys i gyd yn gwisgo côt hir lwyd, ac yn edrych fel tase fe newydd fod yn gwerthu watshys *dodgy* tu ôl i dafarn. Roedd e'n gofyn cwestiynau i ni, ond yn anghofio gwrando ar yr atebion. Gofynnodd e i ni aros o gwmpas y bwrdd tra 'i fod e'n sortio cwpwl o bethau gyda staff y caffi. Wedi iddo fynd, fe wnaeth Lara sylweddoli ei bod wedi cwrdd â Colin o'r blaen.

"Oh, I know this guy," wedodd hi. "I did one of his gigs before. He kept calling me Linda, and at the end of my set he asked me if I did burlesque dancing... I said no, and then he asked if I ever wanted to learn."

Dechreuodd pawb rannu straeon amdano, ac fe ddaeth i'r amlwg bod gìgs anarferol yn beth arferol iddo fe.

Pan wnaeth e ddychwelyd i'r ystafell roedd wedi ychwanegu het ffedora lwyd at ei wisg, ac yn edrych fel ditectif o'r 1950au – oedd yn addas iawn, achos roedd llwyth o gomedïwyr ar fin marw ar lwyfan (we-hei!).

Gofynnais a oedd e erioed 'di symud gìg cyfan i mewn i gaffi bach erioed o'r blaen?

"Nope. This is a first."

Wel, o leiaf roeddwn i'n rhan o rywbeth newydd felly! *Avant-garde*, falle? Ond falle byddai rhai yn iwso'r term *shitshow*. Ac roedd pethau bron â mynd hyd yn oed yn fwy *"avant-shitshow-garde"*.

Esboniodd ei fod eisiau i ni godi wrth y bwrdd, fesul un, a gwneud ein sets i weddill y caffi fel yna. Bach fel araith mewn priodas. Ond priodas lle doedd neb yn yr ystafell eisiau gwrando ar y sbîtshys (felly yn union fel priodas, falle?).

Fe wnaethon ni i gyd geisio gwneud sens o'r plan.

"Just asking, but... is there a mic?"

"No."

"A stage?"

"No – we'll just do it around the table."

"But... we're going to be disturbing all these people?"

"Oh, don't worry," meddai. "The staff said we can turn the music down."

Ond cyn i ni allu sbwylo nosweithi'r cyplau oedd ar ddêts rhamantus gyda'r *pop-up-shambles* hyn, fe wnaeth un o staff y caffi ddod yn ôl gyda syniad arall. Roedd 'na ardd gwrw tu ôl i'r adeilad, os oedden ni eisiau, fe allen ni wneud y gìg comedi fanna. Wrth gwrs, roedd lot gwell gan bawb y syniad hyn! Gardd gwrw? Perffaith. Pam na wnaethon nhw awgrymu hynny yn y lle cynta?

Wrth i ni gael ein harwain mas o'r adeilad, fe ddaeth i'r amlwg bod y term *gardd gwrw* yn dipyn o stretsh. Parasól, bwndel o frics a *water feature* bach o B&Q oedd hi. Ond, er ein bod ni – yn y bôn – mas y bac ar y pwynt hyn, o leiaf doedd dim angen i ni ddistyrbo'r cwsmeriaid oedd yn bwyta eu lentils ac yn yfed eu mulled cider. Mi oedd 'na gwpwl o feinciau, a gorau oll, roedd tipyn o'r acts wedi sticio – ac wedi dod ag o leia un *plus one* yr un. Felly mi oedd 'da ni gynulleidfa. Ac mewn sefyllfa fel 'na, lle mae pawb yn yr un cwch (sy'n suddo yn gyflym), roedd 'na dipyn o sbort i'w gael. Roedd pawb ar y pwynt hyn yn barod am unrhyw beth.

Colin oedd am arwain y sioe, ac yn ei steil unigryw ei hun. Fe ddechreuodd trwy ddweud ei fod e eisiau cael y deg act allan o'r ffordd mewn awr, gan ei fod wedi cael gwahoddiad i fynd i barti lle bydde fe falle'n cael y cyfle i gwrdd â Piers Morgan. Jôc dda i ddechrau'r noson, ro'n i'n ei feddwl. Tan i fi sylweddoli taw dim jôc oedd hyn. Roedd e wir ishe gorffen y noson *asap* er mwyn gadael i fynd i barti. Ac roedd e wir eisiau cwrdd â Piers Morgan. Fe wnaeth e barhau i dwymo'r gynulleidfa gyda *corkers* eraill... "I should point out... some acts tonight are brand new. So bear that in mind."

Ac, "All the big names – Michael McIntyre, Ross Noble, Jimmy Carr have all started out at nights somewhat like tonight."

Wrth i'r noson fynd yn ei blaen, ro'n i'n meddwl: dyma fi, wedi symud 250 milltir i fyw mewn fflat lot rhy ddrud, jyst er mwyn gallu sythu tu fas i gaffi a pherfformio comedi i foi oedd yn edrych fel *budget* Inspector Clouseau.

Un ac un, fe aeth y comics lan i berfformio... yn yr oerfel... o dan barasól... heb feic... yn cystadlu gyda sŵn y *water feature* yn y cefndir. 'Dych chi ddim yn aml yn cael eich heclo mewn gìg i gomedïwyr newydd, yn enwedig gan y staff, ond galla i faddau iddyn nhw am amharu bob hyn a hyn i weiddi, "Does anyone want to order any more drinks? We have a wonderful mulled cider…"

Y nesa i'r llwyfan, oedd fi. Fi'n credu.

"Our next guest… I just want to make sure I'm saying his surname correctly, is it Blanett?"

Fe wnes i adael eiliad neu ddwy, rhag ofn bod 'na 'Blanett' ar y lein-yp heno, cyn dod i'r casgliad taw fy nhro i oedd hwn.

"It's Blayney."

"Blatan?"

"Yeah. It's Blanett. Blanett is fine."

"Great. So please welcome our next guest, Cameron Blanett!"

Pan ddechreues i berfformio, doeddwn i ddim ishe dewis enw llwyfan ond fe wnes i chwarae gyda'r syniad o fyrhau Carwyn, i Wyn falle, fel ei bod hi'n haws i bobl i'w ddweud e. Yn y diwedd fe benderfynes i ei bod hi'n bwysicach i mi gadw at fy enw i. Os nad oedd pobl Llunden yn gyfarwydd â'n enw Cymraeg i, dim ots! Rwy'n hollol hapus iddyn nhw ofyn sut i ddweud fy enw, neu ei ddweud e ychydig yn rong, achos ar ddiwedd y dydd, mae'n dda eu bod nhw'n rho go ar enw sydd ddim mor gyfarwydd iddyn nhw. Ond ta waeth am y *politics*… am y noson arbennig hon yn unig – *Live From Just Beyond the Water Feature* – bydde perfformiad y comedïwr newydd sbon, Cameron Blanett.

Nes i fynd trwy fy neunydd, mas yn yr oerfel yn

gwisgo siorts, gan ddal gwydr gwag y *mulled cider* fel meic. Doeddwn i ddim yn disgwyl lot o chwerthin, felly ro'n i'n hapus pan glywes rhywun yn chwerthin yn boleit... Lara. Ac roedd y *water feature* yn swnio fel petai'n mwynhau hefyd.

Fel roedd e wedi addo, fe lwyddodd Colin i fynd trwy bawb yn slic. Yn draddodiadol, bydde *compere* y noson yn gorffen gan blygio cyfryngau cymdeithasol yr acts, eu hannog nhw i ddod i'r sioe nesaf, efallai? Ond gorffennodd y noson hon gyda:

"I really must go to this party now. Also, on Saturday I'm hosting a burlesque show. E-mail me if you want to buy tickets. I'm looking for dancers too... So, if you know anyone, please get in touch."

Ac off â fe. Tybed a wnaeth e gwrdd â Piers Morgan?

Fe adawon ni i gyd, un gìg arall yn fwy profiadol, a mwy na thebyg gydag annwyd yr un hefyd. Diolch byth nad hwn oedd fy gìg cyntaf, ro'n i'n meddwl i'n hun. Ond o bob gìg, pam mai hwn oedd yr un ro'n i wedi'i ddewis i Lara ddod gyda fi?

Diolchais iddi am ddod ac am sticio drwy'r noson i gyd, a sôn bod gen i mwy o gìgs ar y gorwel – a fydde hi awydd dod i un o'r rheini? Wedodd hi, *"Gewn ni weld."*

Dim Jôc

ELEN PENCWM

Ro'n i wedi neud ambell i gìg yn y nawdegau, Duw a ŵyr sawl *Noson Lawen*, a nosweithi fan hyn a fan 'co, ond dim byd rheolaidd. Roedd popeth yr adeg honno yn llawn jôcs – dyna oedd y ffasiwn bryd hynny yndê!

Ond roedd y blynydde wedi hedfan heibio, a finne wedi magu dau o gryts. Wel, wi dal i'w magu nhw ond mae'r dyddie pan o'n i'n eu dilyn nhw bob munud o'r dydd fel iâr ar ôl ei chywion bach wedi hen fynd heibio. A wedyn mynd trwy ysgariad. A rhwnto popeth fe gymerodd hi sbel i symud ymlaen a thrio ailgydio mewn bywyd. Roedd yr HRT 'di neud byd o wahaniaeth – nid yr *hormone* ond Husband Replacement Therapy! Ta beth, meddylies i, mae'n adeg mynd 'nôl ar y llwyfan.

Wi'n dod o gefndir o weud storïe. Roedd aelodau o'r teulu, fel 'y nhad a 'nhad-cu, yn rhai da am weud stori – er os wi'n onest, yr un hen storïe o'n nhw. Ac er bod pawb wedi'u clywed nhw o'r blaen, mi fydde pwy bynnag oedd yn gwrando, er am y canfed tro, yn dal yn chwerthin.

Nawr smo fi'n gweud bo' fi'n berchen ar "ddawn y cyfarwydd" ond wi yn lico'r teimlad o wneud i bobol chwerthin. A falle fod y tŷ 'co fel 'se 'na dornedo wedi mynd drwyddo... (Wi 'di gorfod gweud wrth sawl un sy 'di galw 'co, bo' fi ar fin gadael ac y bydde'n rhaid iddyn nhw alw eto – yffach, so 'i moyn nhw ddod mewn a meddwl bo' fi 'di cael 'y myrglo!) A falle bod trio sortio gwaith papur, a bywyd yn gyffredinol yn llorio fi yn ddigon i droi at y gwely am rai dyddie... (Mae'n debyg bod Florence Nightingale yr un fath pan oedd hi yn ei thridegau hwyr, a buodd hi fyw nes bod hi'n 90 – felly wi'n edrych ar yr ochor ore.) Ond un peth sydd wedi bod yn feddyginiaeth i fi yw gweld pobl yn hapus, ac mae'r cyffur yna'n well na dim – er bod e'n foddion 'chi'n gorfod mynd i chwilio amdano fe.

Ie, roedd hi'n bendant yn amser i gamu 'nôl ar y llwyfan. Bant i chwilio, te. Mae'n swnio'n rhwydd, ond fel dynes yn agosáu at ei hanner cant – a'r menopos ddim jest yn cnocio ar y drws, ond yn hytrach wedi symud mewn, troi popeth ben i waered ac wedi rhoi'r cof a'r gallu i gofio unrhyw beth mewn cês a'i ddanfon e bant – roedd 'na broblem.

Os nad o'n i'n gallu cofio ble o'dd allweddi'r car, enwau'r plant, unrhyw rifau ffôn neu rif pin, shwt fydden i'n gallu neud set ar lwyfan?

Yr unig beth i'w neud oedd mentro, felly dyma fi'n cytuno i neud noson yn y Cŵps yn Aberystwyth. Ac er bo' fi wedi ysgrifennu ambell jôc fydde'n dderbyniol yn yr oes sydd ohoni – ac mae rheini yn 'itha prin a dweud y gwir – do'n nhw ddim yn sefyll yn y cof. Ro'n i'n trio cofio – yn rhoi *post it notes* ar y ffrij, *voice memos* ar y ffôn (ond wedyn o'n i'n methu cofio pin y ffôn ac yn ffindo'r *post its* yn yr oergell!)

Ar y ffordd i'r gìg roedd gen i lais bach tu mewn i fi yn sibrwd, "'Dyw hwn ddim yn mynd i weithio, ti'n trio'n rhy galed i swnio fel rhywbeth ti'n credu bydde'n plesio pobol eraill. Y peth gore i ti'i neud fydde mynd adre, dim meddwl am neud gìg."

Ma 'mywyd i'n hectic, yn wirion o droeon trwstan ac mae'r pethe rhyfedda yn digwydd i fi, yn ddyddiol. Duw a ŵyr pam, ond wi'n ffeindio'n hunan mewn rhyw sefyllfaoedd od! A wi'n meddwl yn amal, odi pobol eraill yn mynd trwyddo pethe fel hyn?

Odi pobol eraill yn ffindo eu hunain yn styc yn y cwt ieir am orie, a hynny pan ma'n nhw fod mewn cyfarfod pwysig?

Odi pobol eraill wedi cael sgwrs ar y ffôn am ddeg munud, gweld hi'n anodd ar y diawl deall y person ar yr ochor arall a meddwl bod y lein yn wael – ac wedyn sylweddoli bod cwrci yn neud ryw synne od wrth eu traed nhw?

Odi pobol eraill yn cael galwad ffôn wrth Hywel Gwynfryn yn gofyn, "Lle wyt ti? Mae'r stiwdio yn Gaerdydd yn barod, 'dan ni i gyd yn aros amdanat ti." A gorfod cyfadde, "O'r mowredd... wi yn Aberystwyth." (Nes i ddim cyrraedd y stiwdio, 'sdim *time machines* yn rhwydd iawn i ddod ar eu traws nhw yn Aber, a maddeuodd y lejand Gwynfryn i fi 'fyd, diolch byth.)

Ryw fis cyn y gìg yn Aberystwyth ro'n i wedi bod at y doctor. Ro'n i wedi bod yn cerdded yr arfordir, dim mewn un wac (smo i mor heini â 'ny) ond tamed bach ar y tro, nawr ac yn y man. Ac roedd 'y mhen-glin i'n mynd yn dost ar ôl rhyw bum milltir. So off â fi i'r syrjeri – 'chweld, dechre menopos a phopeth yn cwympo'n bishis. Ond ar ôl gweld am y ben-glin, ro'n i wedi gorfod mynd yn ôl wythnos cyn y gìg achos rhywbeth arall. Ro'n i wedi ffeindio lwmp ar 'y mrest. Panic, strès ac felly strêt at y doctor 'to.

Nodyn i'n hunan: Mae'n rhaid fi stopio holi pobol wi'n nabod yn yr ystafell aros, "Helo, shwmae, shwt y'ch chi?" Achos 'sneb yn mynd i ateb, "Grêt… Wi 'ma achos o'n i awydd trip bach neis!"

'Nôl at y doctor. Sieciodd hi'r lwmp. "O ie, mae gen ti lwmp yn y fron yma." Ac oedd e'n whompyn. "Bydd rhaid ni cael ti i'r ysbyty ar hast," medde hi.

Ma'n rhaid i fi weud, 'sdim byd yn well na'r NHS. Oedd yr apwyntiad doctor ar y dydd Mawrth a da'th llythyr y diwrnod wedyn yn dweud bod apwyntiad gyda fi yn Ysbyty Bronglais ar y dydd Gwener! 'Na le o'n i'n gweud wrth bawb, "Allwch chi gredu hynna? *Appointment* yn syth, blydi briliant." So, dydd Gwener, bant â fi. Heglu hi tuag Aber, un llygad ar y cloc a'r llall ar yr hewl. Chi gyd yn gwybod fel ma parcio yn yr ysbyty. Mae mwy o siawns 'da chi ennill y loteri na ffindo lle i barco gwag. A 'na le o'n i'n dreifio rownd a rownd am hydoedd yn edrych am le, ac yn neud y peth 'na ni gyd yn neud pan ni'n despret – hofran o gwmpas rhywun chi'n meddwl sy'n mynd i adael ac edrych arnyn nhw'n neis, neud y moshwns, gwenu a siarad fel bo' chi'n disgwyl iddyn nhw ddarllen eich gwefuse chi. "Are you leaving? Are you going out?" Ac wedyn maen nhw'n gadael i chi wybod bo' nhw yn aros 'na – a chi'n rolio'r llyged ac edrych arnyn nhw fel Satan a gyrru bant.

Ta beth, oedd dim amser ar ôl, felly bygyr it parcio ar dybyl *yellow*, a sgathru mewn. Ac yn Aber chi wastad yn nabod pawb, gan gynnwys y person ar y ddesg yn yr ysbyty. "O, Elen, ti yw hi. Ti'n hwyr ac o'n i jest ar fin hela rhywun arall mewn. Cer mewn, gloi." So mewn â fi a 'na le oedd Graham. Hen foi iawn, ond o'n i'n gallu gweld ar ei wyneb e bod e'n meddwl, "un arall yn hwyr 'to!" Ond whare teg, wedodd e ddim byd 'mond, "Cer mewn a rho'r gown 'mlaen."

Nawr bydde pobl gall yn neud be mae'r doctor yn gweud wrthyn nhw am neud, ond nid fi. Falle bo' fi'n *chaotic* a wastad yn colli dedlein y *tax return*, ond y tro hwn o'n i wedi paratoi. Ro'n i'n gwybod bod apwyntiadau ysbyty fel aur, bod amser y staff yn dynn, ac achos 'mod i eisie plesio pawb ac arbed amser, wedi mynd heb fra. Fe droies at Graham ac ateb, "Don't worry, Graham bach. I've had two kids, so I'm not bothered any more about people seeing my bits." Tynnes i'r crys T, tits mas. Do'dd dim eisie boddran â gown. "Just put the gel on."

Sefodd e 'na, a fi'n cofio meddwl yn syth bod e'n neud wyneb od! Agorodd ei geg ac roedd ei lyged e fel llyged bachan mewn cartŵn, yn fowr fel soseri. Rhwnto chi a fi, o'n i'n meddwl bod e'n cael pwl bach nes bod e'n dechre siarad. "Well, that's very nice but I'm X-raying your knee!"

O'r mowredd, 'na le o'n i'n sefyll gyda'r bronne mas, yn edrych ar fachan oedd mor goch â bocs teleffôn pan sylweddoles i mae'n rhaid taw apwyntiad am X-ray ar y ben-glin oedd hwn, ac nid i edrych ar y baps. Iep, Elen Pencwm ar ei gore.

Ac wedyn 'na le o'n i'n straffaglu fel cwningen o flaen gole car yn trio rhoi'r baps yn ôl yn eu lle. (Gymerodd e ddim yn hir – wi ddim fel Dolly Parton.) Oedd 'y mŵbs i'n iawn, gyda llaw, ond fi'n hala lot o amser yn dojo Graham ambiti Aberystwyth 'ma – yn enwedig wrth adran y melons yn Morrisons.

Yn y car dan olau lampau'r Cŵps, a'r nerfe'n racs a'r panic yn dechre dangos ei hunan yn fistir, a'r cof yn pallu meddylies i am yr wythnos o'n i wedi ei cha'l a'r ymweliad â'r ysbyty. A wedyn meddylies i, "Paid rhoi lan a mynd gatre â dy gynffon rhwng dy goesau. Gwna beth ti'n gallu, gweithia i dy gryfderau." Ond pa gryfderau?

Y fi yw y-fi, yw y-fi, yw y-fi, fel 'se bois Mynediad am Ddim yn ei weud. Felly meddylies i, "Cer mewn, anghofia'r jôcs a gwed hi fel y mae." A'r stori am yr ysbyty rannes i'r noson honno yn y Cŵps, ac wrth i'r criw chwerthin, es i 'mlaen i siarad am weddill yr wythnos a da'th un stori ar ôl y llall a chyn pen dim roedd hi'n amser ffarwelio. Ers y noson honno, storïe go iawn am fywyd go iawn sy'n cael eu rhannu – wi'n gallu cofio rheini!

Ar noson pan roedd y cof wedi pallu fe sylweddoles i fod bod yn fi yn ddigon, a falle dylen ni fenwod feddwl hynna'n fwy amal; wedi'r cyfan, fe weithiodd e i fi. Pwy a wŷr, efallai ga i rannu un neu ddwy stori gyda chi 'to a wi'n addo geith y baps aros dan glo – oni bai bo' fi 'di anghofio gwisgo top!

Amser Lyfli

STIFYN PARRI

Ma 'mywyd i wedi bod yn barti a hanner, hyd yn hyn, yn gweithio yn y Gymraeg a'r Saesneg, mewn teledu a theatr, ar gynyrchiade anferth, *snazzy* a rhai mwy *niche*, hefo sêr mawr a *wannabes* llwyr. Does dim rheole yn y busnes 'show' 'ma, dim rhesymeg a dim gobaith mul weithie, ond roedd un person wastad yn gefn i mi trwy bob dim – a Marilyn Siop *Chips*, sef Mam, oedd honno! Hi oedd yn rhedeg y siop *chips* yng nghanol y pentre pan oeddwn i'n blentyn. Hi oedd y *ringmaster*, yn gwahodd pawb i mewn, yn gwneud i bob un cwsmer deimlo'n gartrefol, yn eu gyrru nhw o'na yn wên o glust i glust ac yn llawn eu bolie. Ganddi hi ges i'r cyngor gore erioed cyn camu ar ryw lwyfan steddfod (dw i ddim yn cofio pan un): "Cana nes bod twll dy din di'n crynu." Ond hi hefyd ddysgodd i mi sut i chwilio am yr hiwmor pan fo petha'n mynd o le.

Collais i Dad yn sydyn pan oeddwn i'n un deg chwech mlwydd oed a daeth Mam yn bopeth i mi – yn fam, ac yn dad, ac yn ffrind gorau. Roedd ein perthynas yn un unigryw ac roedd pawb oedd yn cyfarfod â hi am y tro cynta yn rhyfeddu at y *banter* oedd rhyngon ni. Roedd y ddau ohonon ni'n debycach i *double act* efo'n gilydd a'r ddau ohonon ni'n reslo am fod ar ganol y llwyfan. Roedd Mam wedi profi amseroedd caled yn ystod ei bywyd ond roedd hi wrth ei bodd yn clywed fod pobl yn mwynhau, a doedd ganddi ddim gronyn o genfigen, na chwerwedd, tuag at neb. Byswn i wedi gallu ffonio Mam o'r lleuad, a bydde hi'n gorffen y sgwrs efo, "O, ti'n cael amser lyfli!"

Yn gynnar yn fy ngyrfa ges i ran mewn cynhyrchiad o *Godspell* yn Aberystwyth, a finne wedi mynd i rentu stafell mewn ficerdy yn y cyffinie. Roedd y ficar yn ddyn clên iawn, ac yn raddol wnes i ddechre amau fod ganddo 'deimladau' tuag ata i. Roedd hyn yn broblem i mi ar y ddwy law. Ar un llaw, doeddwn i ddim yn ei ffansïo a fynte rhyw ddeugain mlynedd yn hŷn a fi, ac ar y llaw arall doeddwn i ddim wedi cyfadde i fi'n hun fy mod i'n hoyw chwaith. Roedd yr ymarferiadau yn mynd yn dda, a finne wedi dod yn ffrindie mawr hefo rhywun oedd â hiwmor a maint ceg yn union fel finne – bachgen a oedd yn ffresh allan o'r coleg – sef Michael Ball, a'r 'ddwy' ohonon ni'n giglo fel merched ysgol drwy'r holl job.

Beth bynnag, un noson, ar ôl i'r ficar rannu ambell *sherry* hefo fi, mi es i fy llofft i ddysgu leins, cyn syrthio i gysgu. Tua phedwar y bore mi hanner deffres i yn sydyn, gan fod y gwely yn crynu yn ddi-baid. Mi wnes i iste i fyny a lapio'r dillad gwely yn dynn o 'nghwmpas a chuddio. "Sylweddolais" fod y ficar wedi sleifio i mewn i fy llofft, a dyna lle roedd o yn mastyrbetio fel gwallgofddyn o dan y gwely. 'WTF?' medde finne wrthaf i'n hun, gan aros i'r crynu a'r siglo ddod i ben.

Mae'n rhaid 'mod i wedi syrthio 'nôl i gysgu rhywsut, ac erbyn i mi ddeffro a chael cawod, roedd y ficar wrthi'n sgipio rownd y gegin yn hapus braf fath â wiwer, yn sortio brecwast. "Paned, Stifyn?"

"Dim diolch," medde fi, mewn llais mor isel â phosib, gan strytio fel ffarmwr i'r car mor *butch* â phosib.

Roedd y ffaith fod y ficar yn actio fel bod dim wedi digwydd, wedi fy syfrdanu a deud y lleia, a fynte yn y fath swydd. Rhag 'i gwilydd o! Dros baned y bore hwnnw, a finne a Michael Ball yn mwynhau mwy o *banter*, mi benderfynais i rannu fy mhrofiad 'ysgytwol ganol nos' hefo fo. Roedd Michael yn mwynhau'r stori braidd yn ormod yn fy marn i, ac erbyn diwedd fy natganiad, mi roedd o'n gwichio chwerthin ar y llawr fath â gwrach mewn poen. "You absolute numpty," medd o, "have you not seen the news?"

"What bloody news?" medde fi'n poeni hyd yn oed yn fwy.

"There was an earth tremor in the middle of the night, quite big on the Richter Scale, and Aberystwyth got it quite badly."

Y diwrnod hwnnw wnes i sylweddoli bod fy nychymyg i yn fwy bywiog na'r normal, a thruan â'r ficar bach hollol ddieuog. Ond pan ddeudes i wrth Mam, y cyfan wnaeth hi oedd chwerthin nes bod hi'n sâl.

Wna i fyth anghofio ei ffonio hi ar ddiwedd noson pan oedd Siân Lloyd a finne wedi cael ein gwahodd i *An Audience with Shirley Bassey*, a oedd yn cael ei recordio yn stiwdios London Weekend Television. Roedd y nosweithiau hyn yn rhai glam iawn ac roedd Siân a fi yn gwbod y bydde'r *champagne* yn llifo. Mi oedd y ddau ohonon ni mor gyffrous i fod yn rhan o'r noson, roedden ni wedi cyrraedd bar y stiwdios cyn i Bassey gyrraedd, hyd yn oed. "Ladies and gentlemen," medde llais mawr dros y tanoi yn y bar, "please take your seats." Ac wrth i ni frysio i lawr y coridorau hir, mi weles i dŷ bach y dynion.

"Fydda i ddim chwinc," medde fi, gan gamu tuag at yr *urinals*. Mi ddaeth rhywun arall i sefyll nesa ata i, a phan drois i ato i roi nòd bychan iddo, pwy oedd y person oedd yn pi-pi…? Neb llai na Tom Jones! Wel, mi alla i ddeu'thach chi, mi fydde bron pawb yn y byd yn llai na fo, o be weles i, ac mi ruthrais allan o'r *Gents* i adrodd pwy a 'be' oeddwn i wedi'i weld yn y tŷ bach. Aethon ni i'n seti, ac mi gychwynnodd y band yn uchel ei gloch: "Ladies and gentlemen, please welcome to the stage Miss Shirley Bassey!"

Cododd pawb i gymeradwyo Bassey, a oedd yn gwisgo ffrog hir grand efo slit reit i fyny at dop ei choes. Cychwynnodd hi efo *medley* hyderus o'i hen ffefrynnau, ac wrth iddi gyrraedd y gân 'Hey, Big Spender', dyma hi'n cicio'i choes reit i'r awyr, ac fe welson ni nad oedd Miss Bassey yn gwisgo nicar! Cafodd rhai ohonon ni weld y cwbl lot. Wrth i Siân a finne adael y stiwdios roedden ni mewn histerics, gan fy mod i wedi gweld *genitals* Brenin a Brenhines Cymru i gyd o fewn hanner awr!

"Mae'n rhaid i mi ffonio Mam a deu'thi," medde fi'n tynnu'n ffôn symudol a'i galw. "Geshia be dwi 'di'i weld heno, Mam," medde fi, wedi weindio.

"Be?" medde hi yn syth.

"Wel, dwi 'di gweld dwdlanden Tom Jones a gwdihŵ Shirley Bassey!"

Fydde mame rhai pobl yn *shocked*, ond be ddudodd Mam?

"O, ti'n cael amser lyfli!"

Mi oedd hithe a finne wastad yn cael 'amser lyfli' pan o'n i yn mynd â hi allan am *good airing*. Yn ystod y nawdegau cynnar, ges i fy ngwahodd i noson gynta *Some Like It Hot* gyda Tommy Steel yn y Prince Edward Theatre, yn y West End.

"Ti'sio dod efo fi?" medde fi wrth Mam, ar y ffôn.

"Arglwydd, yndw!" medde hithe gan redeg i bacio cês, cyn neidio ar y trên i Euston. Wedi imi ei chyfarfod yn y stesion, aethon ni'n syth i'r West End a chael coctel neu ddau cyn mynd draw i'r theatr. Fel roedd y ddau ohonon ni'n cyrraedd blaen y Prince Edward, dyna lle roedd crwydryn digartre, mewn dillad carpiog. Pan edrychon ni'n agosach, dynes oedd hon tu ôl i'r wyneb budur, creithiog. Yn sydyn, mi wnaeth y ddynes 'ma wlychu ei hun, reit ar ganol Old Compton Street.

"Wel, dwi 'di gweld popeth rŵan," medde Mam. "Sgin hon ddim cywilydd?"

Triais fy ngorau i gau ceg Mam. "Shysh, ti ddim yn gwbod be 'di'i chefndir hi. Falle 'i bod hi 'di colli ei thŷ, ei phlant neu 'i gyrfa. Paid â'i barnu hi."

"Hy," medde Mam yn syth, "'di hi'm yn costio dim i fod yn lân."

Gafaelais ym mraich Mam, a'i thynnu'n gyflym i mewn i'r swyddfa docynnau. Wedi'r sioe, cawson ni'n gwahodd i'r *first night party*, ac roedd Mam wrth ei bodd yn cyfarfod â'r sêr, ac yn mwynhau'r *complimentary champagne*. Mi ddaeth dwy hen wraig ddiarth atom ni i sgwrsio, efeilliaid yn eu saithdegau hwyr, ond wedi eu gwisgo fel dwy ferch ddeunaw oed.

"Paid â deud gair," medde fi dan 'y ngwynt. Ar ôl rhyw fân siarad, tra oedd Mam yn ymestyn at lasied arall o bybls, mi drodd hi at un o'r hen efeilliaid a deud,

"So is this your daughter?" gan gyfeirio at y llall. Roedd y wraig yn *gobsmacked*, a'i chwaer wrth ei bodd.

"We have to leave now," medde fi, a thynnu Mam wrth ei gwar allan i'r awyr iach a'i chwithio ar yr *underground* i fynd adre. Roedd Mam yn gwbod ei bod hi wedi pechu; wnes i ddim deud gair wrthi yn ystod y daith hanner awr i'r East End lle roeddwn i'n byw. Wedi cyrraedd ein stop, wrth i ni gerdded i lawr y ffordd lle roedd fy nhŷ, mi wnes i hollti'r distawrwydd rhyngon ni.

"Dyna'r tro ola i mi dy gymyd di allan," medde fi, fath â tad blin.

"Ond be dwi 'di'i neud rŵan?" medde hithe fel plentyn diniwed.

"Wel, i gychwyn, doedd gen ti ddim tosturi dros y wraig druan oedd mewn gymaint o stad yn pi-pi ar ganol y ffordd, ac wedyn mi wyt ti'n gofyn i ddwy efaill yn eu saithdegau oedd un yn fam i'r llall!"

Dyma Mam yn gwichio chwerthin, ac mi bisodd ei hun reit ar ganol fy stryd.

"Mae 'na Dduw," medde fi wrthaf fi fy hun, wrth i Mam ruthro tu ôl i wrych cyfagos i orffen be roedd hi wedi'i gychwyn yn gyhoeddus. O fewn dim, mi ddaeth hi allan o'r tu ôl i'r gwrych, efo'i theits mewn un law a'i sgidie *patent leather* yn y llall, gan ddeud,

"Paid ti â deud wrth neb."

Pan benderfynais i fynd â fy sioe undyn ar daith drwy Gymru, Llundain ac Efrog Newydd roedd yn rhaid cychwyn yn fy ardal enedigol, Rhosllannerchrugog. Y noson honno roedd y Stiwt, ein theatr gymunedol, dan 'i sang; camerâu S4C yno hefyd i ddal pob munud ar gyfer rhaglen ddogfen, a Mam yn y gynulleidfa yn wên o glust i glust. Mi gychwynnais trwy rannu'r stori amdani yn y West End hefo gweddill y pentre, a phan ddes i at ddiwedd yr hanes a rhannu'r ffaith iddi biso'i hun ar y stryd a diflannu y tu ôl i'r gwrych, mi wichiodd pawb yn y gynulleidfa, gan gynnwys Mam – ac mi wlychodd hi ei hun unwaith yn rhagor. Mi ddoth y llen i lawr ar yr act gynta, ac mi ruthrodd Mam i'r tŷ bach i sortio ei hun allan ac yn syth i'r Gents, a hithe'n credu ei bod hi yn y Ladies.

Mi gollais i Mam ychydig o flynyddoedd yn ôl, ond WOW, gathon ni amser lyfli! Diolch, Mam! x

Tawelwch y Tŷ Golchi

ALED RICHARDS

Mae gan bob comedïwr stori am gìg comedi erchyll – cael eich heclo gan gynulleidfa feddw, gìg anghysurus o flaen cynulleidfa fach, neu jyst marw ar lwyfan a dim i'w glywed wrth gerdded i ffwrdd ond sŵn eich traed yn atseinio ar y pren. Pam felly cymryd y risg? Pam gwneud stand-yp o gwbl? Y gwir yw, does dim teimlad gwell, na mwy grymus, na chael llond stafell o bobl yn chwerthin. A finnau'n berson reit swil a thawel yn yr ysgol mae'n syndod i nifer, gan gynnwys fi, 'mod i'n gwneud o gwbl. Mae rhai pobl yn gwneud stand-yp ar ôl awchu i roi cynnig arni ers blynyddoedd. Mae eraill yn rhoi cynnig arni er mwyn datblygu hyder i siarad yn gyhoeddus neu i ddod dros ryw drawma. Ond fi yw'r unig berson dwi'n nabod na'th ddechrau gwneud comedi trwy ddamwain. Ers y gìg cyntaf un dwi wedi profi'r wefr o gael llond lle i chwerthin a'r boen arteithiol o farw ar fy nhin!

'Nôl yn nechrau 2012, wrth bori trwy gystadlaethau yr Eisteddfod Genedlaethol gwelais fod cystadleuaeth sgwennu sgript stand-yp y flwyddyn honno. Ro'n i'n awyddus i roi cynnig ar sgwennu comedi, felly roedd hwn yn gyfle gwych i ymarfer. Fe es i ati i sgwennu sgript ar y testun 'Y Gemau Olympaidd', oedd yn cael eu cynnal yn Llundain yn ystod yr haf.

Doedd dim prinder straeon am y gemau Olympaidd yn y wasg – roedd y peiriant PR wedi bod yn chwydu straeon amdanyn nhw ers misoedd; Boris Johnson, maer Llundain, yn creu penawdau gydag amryw stynts, gwisgoedd *lycra* newydd a ddyluniwyd gan Stella McCartney a bagiau â phob math o grap Olympaidd wedi eu plastro 'da Jac yr Undeb.

Wrth ddarllen y straeon yma, ac yna am heriau ariannol yr Eisteddfod Genedlaethol cefais fflach o ysbrydoliaeth. Beth petai Julian MacDonald yn ail-ddylunio gwisgoedd yr orsedd mewn *lycra*? Gwerthu *replica kits* mewn gwyn, gwyrdd a glas ar y maes i godi arian i'r Eisteddfod! Pa mor anghyfforddus fydde eistedd yn y gadair Eisteddfodol, cleddyf uwch eich pen a Robin McBryde wrth eich ochr mewn *lycra* a'i grotsh ar lefel eich llygad? Roedd y ddelwedd yn fy nhiclo. Es ati i deipio a chael tipyn o hwyl yn datblygu'r syniad. Doedd gen i ddim unrhyw ddisgwyliadau am ennill ond bydde hi'n dda cael adborth. Danfonais e-bost gyda fy ymgais i'r Eisteddfod ac anghofio amdano.

Gydag ychydig dros bythefnos i fynd tan yr Ŵyl cyrhaeddodd llythyr drwy'r post. 'Llongyfarchiadau ar ennill cystadleuaeth stand-yp Eisteddfod Genedlaethol 2012.' Doeddwn i methu credu'r peth. Ennill! A minnau heb sgwennu stand-yp erioed o'r blaen. Ond sobrwyd fi gan y llinell nesa... 'Mi fyddwch yn perfformio eich set ar lwyfan y Babell Lên ar ddydd Gwener am un o'r gloch.' Teimlais y gwaed yn llifo o'm hwyneb. Perfformio?! Roedd gen i frith gof o ddarllen rhywbeth am berfformio yn y cyfarwyddiadau, ond doeddwn i ddim wedi cymryd sylw ohono gan 'mod i ddim yn disgwyl ennill.

Cefais fenthyg brws gwallt gan ffrind – 'dyw steil fy ngwallt ddim yn gofyn am frws, na chrib o ran hynny! Yna, bues i o flaen y drych yn ymarfer gyda'r 'meic'. Mynd dros y geiriau dro ar ôl tro. Roedd fy mol yn troi wrth berfformio fy set gyda neb yn edrych arna i ond fi fy hun. Sut yn y byd fydden i ar lwyfan Eisteddfod? Ro'n i'n teimlo'n sâl wrth feddwl am y peth.

Ces fy siarsio yn y llythyr i beidio dweud wrth neb 'mod i wedi ennill. Y gwir oedd, doedd gen i ddim diddordeb mewn dweud wrth neb. Nes i'm dweud gair wrth fy mhlant, Dewi a Twm hyd yn oed, a hwythau'n eistedd bob ochr i fi yn rhes flaen y Babell Lên ar y diwrnod. Roedd Euryn Ogwen yn traddodi'r feirniadaeth ac wrth iddo gyhoeddi fy ffugenw, codais ar fy nhraed – a'r bechgyn yn arswydo ar y naill ochr i mi! Teimlai'r llwybr yno yn hynod o hir wrth i'r gynulleidfa gymeradwyo. Roedd fy nerfau yn racs. Beth os ydw i'n anghofio'r geiriau? Beth os nad yw'r gynulleidfa yn chwerthin? Ysgydwais law ag Euryn. Troi at y gynulleidfa. Fy ngheg yn sych. Gwenu. Gobeithio bod y wên yn cuddio'r nerfau. Agor fy ngheg. A gweddïo y byddwn yn cofio'r geiriau.

Wrth daro'r jôc gynta chwarddodd y dorf. A gyda'r don fach o chwerthin roeddwn yn teimlo'r tensiwn yn fy nghorff yn rhyddhau rhyw fymryn, fy ngheg ychydig yn llai sych. Daeth ton arall, un fwy y tro hyn ac un arall a minnau'n ymlacio fwyfwy ac yn mwynhau'r daith ar hyd y tonnau. Erbyn i mi gyrraedd diwedd y set roedd adrenalin yn pwmpio drwy fy ngwythiennau. Ro'n i'n falch fod y cyfan drosto ond wedi fy nghyffroi. Y noson honno cefais sioc o weld bod y set stand-yp wedi'i gwneud hi i raglen pigion y dydd ar S4C. Fy stand-yp cynta ar y teledu! Byddai'r cynigion i wneud gìgs yn siŵr o lifo mewn nawr.

Misoedd yn ddiweddarach do'n i ddim wedi cael cynnig yr un gìg... ond daeth cyfle yn Cross Hands. Roedd cwmni teledu yn ffilmio cyfres o stand-yp i S4C a ches i gyfle i wneud set pum munud gyda'r ddealltwriaeth glir mai yno i lenwi'r noson oeddwn i. Wrth gamu i mewn i'r sinema yn Cross Hands roedd 'na deimlad cwbwl wahanol i'r Babell Lên. Roedd y sinema yn un grand, y llwyfan wedi ei haddurno'n chwaethus, cyrtens coch yn ei fframio a rhyw dri chant o seddi moethus yn yr awditoriwm. Gyda'r gìg ar fin dechrau, prin tri deg o gynulleidfa oedd yno wedi cael eu corlannu i'r seddau blaen. Ond roedd gen i sgript bendant, fel trac rheilffordd yn fy arwain at bob jôc ar hyd y daith, er doedd gen i ddim hyder i wyro oddi ar y trac o gwbl! Pan gyhoeddwyd fy enw o'r llwyfan codais fel bollt o'r gadair a bowndio ymlaen i'r llwyfan, gan ffugio hyder.

Rhywsut mi gofiais i'r geiriau i gyd ac roeddwn wedi mwynhau'r tonnau o chwerthin ddaeth o'r gynulleidfa unwaith eto. Wrth yrru adre roedd yr adrenalin yn dal i bwmpio'n wyllt, gyda bach o help y can o Red Bull brynais i ar y ffordd i'r gìg. Cysylltodd y cynhyrchydd o fewn ychydig wythnosau yn holi fyddwn i'n hapus i fy set gael ei dangos ar y rhaglen deledu. Wrth gwrs fy mod i. Dau gìg. Dau ymddangosiad teledu. Ro'n i ar dân!

Y tro nesa i mi gamu ar lwyfan oedd mewn cystadleuaeth stand-yp yn nhŷ bwyta Tudur Owen, Tŷ Golchi, tu allan i Gaernarfon. Roedd fy ffrind Owain yn rhoi lifft i mi. Doeddwn i ddim yn meindio cael un wyneb cyfarwydd yn y gynulleidfa; wedi'r cyfan, doeddwn i ddim yn debygol o nabod neb arall yno, oeddwn i? Ond pan ddes allan o'r car yn y maes parcio weles i nifer fawr o bobl o'n i'n nabod ac yn eu lled-nabod. Cachfa! Roedd ieir bach yr haf yn llamu o gwmpas fy mol unwaith eto.

Roedd strwythur y gystadleuaeth yn greulon. Roedd tri aelod o'r gynulleidfa wedi cael eu dewis ar hap i fod yng ngofal cerdyn coch yr un. Y nod oedd perfformio set o bum munud heb gael tri cherdyn coch. Roeddech chi'n saff am dair munud, yna byddai cloch yn canu a hawl gan y sawl oedd yn dal y cerdiau coch i'w codi, os nad oedden nhw'n hoffi eich comedi. Os oedd tri cherdyn coch yn cael eu codi roedd rhaid gadael y llwyfan ar unwaith. Doedd hi ddim yn gystadleuaeth i'r gwangalon.

Wrth siarad â'r naw comediwr arall gefn llwyfan dechreuais i fagu hyder. Roedd un dyn wedi ei wisgo fel

Jac y Jwc, actor o *Rownd a Rownd* ac un dyn oedd yn ei wythdegau oedd yn siŵr o ailadrodd hen jôcs, dybiais i. Ond yr hyn oedd yn gyffredin rhyngddyn nhw i gyd oedd mai hwn oedd eu gìg cynta. Gyda dau gìg o dan fy melt yn barod ro'n i'n hen ben o'i gymharu â rhain. Ro'n i'n hyderus o'r geiriau. Roedd pethau'n argoeli'n dda ac roedd nodiadau am fy ail set yn fy mhoced yn saff.

Huw Marshall, MC profiadol, oedd yn arwain y noson a byddai'n siŵr o dwymo'r gynulleidfa i fi. Ond wedi iddo fynd ymlaen, dim ond pwl achlysurol o chwerthin ysgafn oedd i'w glywed… nid y chwerthin mawr ro'n i wedi gobeithio amdano. Beth oedd o'i le? Cyhoeddodd Huw enw'r perfformiwr cyntaf ac wrth iddo ddychwelyd i gefn llwyfan ysgydwodd ei ben, "Tyff crowd yn fanna." Edrychai'r comedïwyr eraill i gyd fel ŵyn yn disgwyl mynd i'r lladdfa. Ond doedd gen i ddim i'w boeni yn ei gylch, meddyliais. Roedd gen i jôcs oedd yn gweithio. Roedd angen eu perfformio â hyder ac yna paratoi ar gyfer yr ail rownd. Dyna i gyd.

Camais i'r pwll o olau cryf ar y llwyfan. Cysgodion yn unig oedd y gynulleidfa yn y tywyllwch du o fy mlaen. Gafaelais yn y meicroffon a chyfarch y dorf. "Shwmae, shwd y'ch chi?" Dim smic. Sylweddolais yn yr eiliad honno mai fi oedd yr unig gomedïwr o'r de ac roedd fy acen yn swnio allan o'i le yn yr ystafell.

"O'dd hi'n flwyddyn fawr llynedd gyda'r Olympics, yn do'dd hi?"

Ro'dd y dorf yn fud. Yn syllu arna i yn disgwyl am jôc. Plethodd y rhes flaen eu breichiau ar yr un pryd fel dawnswyr cefndirol i *boy band*. Doedd hwn ddim yn ddechrau da. Cyrhaeddais y *punchline* cynta, "... a galle Colin Jackson redeg trwy Wynedd gan ddefnyddio'r ffagl Olympaidd i roi tai haf ar dân!"

Bwrodd y tawelwch fi fel dwrn yn fy stumog. Roedd yr ychydig eiliadau o saib ro'n i wedi eu caniatáu ar gyfer chwerthin yn teimlo fel oes. Ond roedd gen i sgript ddoniol. Wedi'r cyfan, roeddwn i wedi ennill yn yr Eisteddfod ac wedi bod ar y teledu, ddwywaith! Aros ar y traciau a bwrw 'mlaen. Dyna oedd ei angen. Ymlaen â fi. Roedd clystyrau bach o bobl yn chwerthin yn chwithig wrth i mi ddyfalbarhau. Dim tonnau o chwerthin ond chwerthin o gydymdeimlad gyda'r dyn oedd yn araf wywo ar lwyfan y Tŷ Golchi.

Canodd y gloch. Roedd y dair munud saff wedi dod i ben. O fewn eiliadau gallwn weld silowét tywyll anhysbys yng nghanol y gynulleidfa yn codi cerdyn coch. Dwrn arall i'r stumog. Baglais dros fy ngeiriau. Roedd fy nhafod yn sydyn yn rhy fawr i fy ngheg. Cerdyn coch arall yn codi o 'mlaen i. Taswn i ond yn gallu cyrraedd y *punchline* nesa. "Robin McBryde mewn lycra, a'i gleddyf…"

Codwyd trydydd cerdyn coch a tharwyd y gong. Ro'dd hi ar ben. Ces i gymeradwyaeth wrth adael y llwyfan… ond roedd hynny yn fwy o ryddhad nag o werthfawrogiad ar ran y gynulleidfa! Roedd cerdded oddi ar y llwyfan yn siwrne hir ac unig iawn.

Ro'dd eistedd yn y cefn yn gwrando ar yr acts eraill yn arteithiol. Roeddwn yn byseddu'r nodiadau ar gyfer fy ail set oedd yn fy mhoced. Set na fyddai'n cael ei chlywed bellach. Daeth y pensiynwr o Sir Fôn ar y llwyfan ac, yn annisgwyl, aeth i adrodd am ei orchestion rhywiol gyda menyw o Rhyl. Roedd y gynulleidfa yn ei dyblau.

Wedi'r ail rownd, y pensiynwr oedd yn fuddugol. Crensiais y darn o bapur yn fy mhoced yn belen dynn. Ro'n i'n teimlo'n wag. Yn y maes parcio, wedi'r gìg, roedd criw mawr o amgylch y pensiynwr yn ysgwyd ei law yn wresog. Roedd y rhai oedd yn fy nabod i yn osgoi dal fy llygaid a siarad â mi, a minnau'n eu hosgoi nhw, oni bai am Owain. Doedd dim dianc iddo fe a minnau'n cael lifft adre ganddo. "Ti'n ddewr iawn," dwedodd Owain yn y car. "Diolch," atebais gan geisio swnio'n ddiffuant.

Llwyddais i greu rhes o esgusodion pam fod y gynulleidfa heb werthfawrogi fy set. Ro'dd fy acen i'n rhy Hwntw iddyn nhw ei deall, ro'n nhw'n rhy blwyfol, dim digon cenedlaetholgar, dim digon Eisteddfodol... ond gwyddwn yn fy nghalon mai'r unig berson ar fai y noson honno oedd fi fy hun. Mae comedi yn gymaint mwy na geiriau yn unig. Mae angen meithrin perthynas gyda'r gynulleidfa – rhywbeth doeddwn i ddim wedi ei wneud. Dylwn i fod wedi cydnabod fy acen wahanol a gwneud yn ysgafn ohoni yn hytrach na phalu 'mlaen. Neu efallai y dylwn i fod wedi dod â stôr o jôcs budron am fenyw o Rhyl! Dwi wedi cael sawl tro trwstan ar y llwyfan ers hynny. A dwi 'di cael sawl jôc yn cwympo'n fflat. Ond does dim byd wedi bod mor wael â marw ar y llwyfan yn Tŷ Golchi... dim eto, beth bynnag...

"O's rhywun yn gwbod y ff&c£@n lein?!"

CARYS ELERI

Y tro cynta a'th pethe'n rong ar lwyfan i fi o'dd y tro cynta games i ar y llwyfan. Achos, wel, do'n i ddim fod 'na yn y lle cynta! O'n i bron yn dair blwydd oed mewn eisteddfod fach yng nghanol nunlle lle oedd fy chwaer Nia yn cystadlu, ac o'n i yn rhy fach i gymryd rhan ar y pwynt yma... yn ôl y sôn. Ond unwaith 'nath Mam droi ei chefn i glebran gyda rhyw fam eisteddfodol arall, dyma fi'n bomio lan i'r llwyfan, dweud wrth yr arweinydd a'r cyfeilydd 'mod i am ganu 'Lili Fach y Gwanwyn' (cân boblogaidd iawn y bydde byddin o blant bach Cymru yn ei chanu ar y pryd) a bant â fi, gyda Mam yn edrych arna i gyda'i llyged bron â phopo mas o'i hwyneb – methu prosesu beth o'dd hi'n ei weld. O'dd neb wedi 'nysgu i ar y pwynt yma i ganu nac adrodd yn unigol – wel, o'n i ddim yn dair oed eto, so *fair enough* rili – ond yn amlwg o'n i 'di gweld pobol wrthi a (fel ma'r teulu yn lico jocan) meddwl nelen i gystel job arni â neb arall thancew-feri-mytsh.

61

Ac o'dd neb i'w weld yn fy stopio i. Yn ôl y sôn, unwaith orffennes i ganu, sefais i yn yr unfan tra ro'dd pawb yn clapio gan weiddi, "Hei, Mam! Gobeithio gaf i Ail!" – a rhedeg nerth 'y nhraed, 'nôl at Mam gyda phawb yn rolio chwerthin, a finne ddim yn deall pam. Gobeithio gaf i Ail? Beth ar y ddaear? Yn ôl Mami, oedd yn hyfforddi fy chwaer, o'dd hi'n arfer dweud wrthi cyn bob eisteddfod, "'Sdim ots beth ddigwyddith heddi. Os gei di Ail, bydd hwnna yn *briliant*, neu Drydydd – ond 'sdim ishe ti fecso am ennill dim, dim ond bo' ti'n joio." So, yn amlwg, o'n i wedi deall taw yr Ail oedd y gore, a dyna beth o'n i ishe ar y diwrnod lle do'n i ddim fod i fynd ar unrhyw lwyfan o gwbwl. Fe dda'th y canlyniad… a *low and behold* – fe ges i Ail. Y noson honno, ar ôl mynd getre a siarad 'da'r teulu am y diwrnod, nes i ddysgu am fodolaeth y safle Cyntaf. Gyted.

Tua phymtheng mlynedd yn ddiweddarach, pan o'n i'n ddeunaw oed, fe ddaeth yr Eisteddfod Genedlaethol i Lanelli. Erbyn hyn, ro'n i wedi hen arfer ag eisteddfodau bach a mawr, ac fel person o'dd yn hanu o gyffinie'r ardal ro'n i'n gwneud cant a mil o bethau yn ystod yr ŵyl – o gystadlu i berfformio yn y prif sioeau. Roedd gyment ar 'y mhlât i a'r plant erill yn ystod y cyfnod hwnnw, o'n ni i gyd yn 'itha *stressed out*… ac ro'dd un cynhyrchiad o'n i'n rhan ohono heb ga'l yr amser y marfer dilys ar ei gyfer, so o'n ni i gyd mewn panics llwyr – yn begian eisie canslo'r sioe. Roedd criw ohonom ni wedi ein castio ar gyfer cynhyrchiad o'r ddrama Wyddelig enwog *Dancing at Lughnasa* gan Brian Friel. A phopeth a alle fod wedi mynd yn rong, wel... 'ethon nhw i gyd yn rili, rili, rili rong.

O'dd y set yn un ddomestig o'r cyfnod; cegin fawr gyda bwrdd pren mawr a seld anferth, a phob un ohonom yn edrych yn brysur iawn ar y llwyfan – er do'n i ddim bob amser yn gwbod pam na shwt i edrych yn brysur (wy dal ddim yn rili siŵr am beth o'dd y ddrama, ond yn gwbod ei bod yn glasur). Ar flaen y llwyfan roedd storïwr yn adrodd y naratif rhwng y ddeialog, a hwnnw yn eistedd gyda llyfr ar ei gôl. Tua deng muned i mewn i'r ddrama, dyma'r ddeialog yn dod i stop – *pregnant pause* y ganrif – galle rhywun fod wedi beichiogi a rhoi genedigaeth filoedd o weithie erbyn i'r person nesa fedru dechre siarad. O'dd DIM UN ohonom ni â chlem beth o'dd y lein goll a phwy o'dd fod i'w hadrodd – a neb yn adnabod y sgript yn ddigon da i fedru improfeisio'r wybodaeth goll (sydd wedi digwydd i fi sawl tro). So fanna o'n i wrth fwrdd y gegin yn rolio *pastry* yn nhawelwch llethol theatr fach y maes. A'th hi mor *intense*, fi'n siŵr ei fod e'n rili crinj i unrhyw aelod o'r gynulleidfa. 'Nath neb 'weud dim am oes. Rolies i'r fflipin darn yna o does nes 'i fod e'n lwmpyn sych. Yna 'nath Bethan, 'yn ffrind i, hefyd ddechre rolio toes fel tase fe'n mynd mas o ffasiwn – tua phum merch ar y llwyfan yn rolio toes a pholisho llestri mewn tawelwch, a dim clem beth i'w neud na gweud. Yn y diwedd nes i droi oddi wrth y gynulleidfa a sibrwd yn eitha swrth i gyfeiriad y cast, "O's unrhyw un yn gwbod y ffycin lein?" O'n i'n meddwl bo' fi'n bod yn dawel a *subtle*, ond heb i fi sylwi, o'dd meicroffon jyst uwch fy mhen i ac fe glywodd y gynulleidfa'r cyfan. Wps. Yna sibrydais i wrth y storïwr ar flaen y llwyfan, 'Bêb, helpa ni!' A fanna o'dd e yn ffrantic yn edrych drw'r sgript, ddim yn gwbod ei hun ble o'n ni. O'n ni i gyd mor *stuffed*. Yna 'nath y cyfarwyddwr benderfynu sgipio darn mawr o'r sgript a dechre golygfa arall, felly daeth Ceri 'mlaen fel y Tad Jac a phigodd popeth lan i ni fedru gorffen hanner cynta'r ddrama. Ffiw.

Pan 'ethon ni 'mlan i'r ail hanner, o'dd tri chwarter y gynulleidfa wedi diflannu. Digon blydi teg. Marciau ffyddlondeb llawn i'r chwarter ddoth yn ôl. Eisteddodd dwy o'n ffrindie penna i yn y ffrynt yn wên o glust i glust, yn amlwg yn mwynhau jyst pa mor Pete Tong o'dd hwn i gyd yn mynd. Trwy ryw ryfedd wyrth, fe gyrhaeddon ni'r olygfa ola. Diolch i fflipin Dduw. O beth wy'n gofio, roedd y sgript i gyd yn cylchdroi rownd iwnifform byddin y Tad Jac a fynte'n sôn am ei wisg wrth weddill y cymeriadau oedd erbyn hyn yn ymlacio ar ochr chwith y llwyfan oedd wedi'i gwisgo fel y lawnt tu allan i'r tŷ. Rwy'n cofio bod fy ffrind Awen yn chwarae un o'r chwiorydd oedd yn eitha sych ac uchel-ael, ac am ryw reswm i wneud â'r sgript roedd yna iâr wedi marw ar y lawnt ffug hefyd – er bod yr iâr yn un go iawn, wedi'i lladd yn lleol ar fore'r cynhyrchiad. Nawr fi'n sgrifennu hwn mewn du a gwyn, mae e'n tanlinellu jyst pa mor absẃrd oedd y diwrnod a pham oedd 'yn ffrindie yn y gynulleidfa wrth eu bodde.

Ta p'un, o'dd e'n amser i Ceri ddod ymlaen fel y Tad Jac yn ei iwnifform – a bydde hi'n *home run*. Ond, dda'th Ceri ddim 'mlaen yn syth – o'dd e'n amlwg wedi colli'r ciw… a chodes i a mynd at y drws a gweiddi, "Tad Jac! YDYCH CHI'N DOD I YMUNO Â NI?" Ac ar ôl sbel fach, clywes i lais bach yn y cefn yn gweud, "O, *shit*…"

Es i 'nôl i'n safle i yn eistedd ar flaen y llwyfan a dyma Ceri yn dod mewn, nid yn iwnifform grand y Tad Jac a'i het ffansi – er mwyn sôn am ei wisg a'r hyn a wnaeth yn y rhyfel – o, na, da'th Ceri mewn yn gwisgo pâr o jîns a siwmper mawr frown, ei wyneb wedi llosgi yn yr haul yn ystod yr egwyl ac yn amlwg wedi ca'l cwpwl o *jazz fags* mas y bac. "Heeeeeei," medde fe. O'n ni gyd ffili côpo. O'dd e jyst yn ormod ac yn rhy ffyni. Dechreuodd un neu ddwy ga'l ffits o chwerthin ar y llwyfan, ac er mwyn treial stopio'n hunan rhag marw chwerthin, droies i at Ceri a gweud, "O! Tad Jac! Ym… nagoch chi'n mynd i wisgo eich IWNIFFORM a'i HESBONIO i ni?" Dyma realiti'r sefyllfa yn glanio ar Ceri a dyma fe'n gweud, "O… ie." Ac off â fe i newid a'n gadel ni â thwll yn y sgript am y deng muned nesaf. Yn y cyfamser 'nath Awen o'dd yn chware'r chwaer sych ddechre craco lan a methu â dal ei hun at ei gilydd rhagor, a dyma hi'n estyn am yr iâr o'dd wedi marw a'i dala hi lan – ei hwyneb yn goch â gigls – gan ddweud, "A beth yffach yw hwn?" Gyda ni i gyd yn ffili siarad rhagor, dyma Ceri yn dod nôl 'mlan yn ei iwnifform i orffen y fflipin ddrama, ac fe gafon ni *standing ovation* gan y criw bach, bach oedd ar ôl yn ein gwylio ni. Am drial MOR galed i orffen drama lle aeth popeth yn hollol, hollol rong.

Ma'r senario yma, siŵr o fod, yn swnio fel hunllef i lot ohonoch – a chi ddim yn rong – ond i ga'l y ceillie i ddal ati yn y byd wy'n rhan ohono, ma'n gyment o help ca'l profiade fel hyn i dyfu ac i ddysgu beth i'w neud – neu beth i'w osgoi – tro nesa, er mwyn gwella pethe.

Yn fuan ar ôl yr Eisteddfod, gyda ni i gyd wedi cwblhau'n Lefel A, gwasgarodd pawb i golegau a dinasoedd gwahanol ac fe gollodd sawl un ohonom ni gysylltiad – achos doedd dim cyfryngau cymdeithasol na hyd yn oed e-bost yn bodoli bryd hynny. Ond yna, bymtheng mlynedd yn ddiweddarach, nes i a Ceri (sef y Tad Jac) ail-gyfarfod, ac o'dd e'n lot fowr o hwyl edrych 'nôl dros gyfnod ein hieuenctid; a chyn pen dim gafon ni ein castio mewn ffars Ffrengig anhygoel o'r enw *Yuri* lle'r o'n ni yn chwarae gŵr a gwraig eitha boncyrs. Er bod tri ohonom fel cast ar lwyfan – dim ond Ceri a finne oedd yn siarad drwy'r holl beth, a chan fy mod i wedi cael 'y nghreithio gyda'r ffars yn Eisteddfod Llanelli (o'dd ddim i fod yn ffars o gwbwl!) nes i orfodi Ceri druan i fynd dros y leins gyda fi gant a mil o weithie nes o'dd e ishe 'matio fi off do'r theatr gyda'r *rolling pin* o'n i'n ei ddefnyddio yn *Dancing at Lughnasa*.

Wrth gwrs, 'sdim byd fi wedi'i neud ar y llwyfan erioed wedi mynd yn berffeth, o bell ffordd. Ond pan fi'n edrych 'nôl ar y sefyllfaoedd cracyrs cynnar nes i eu goroesi, fi'n gwbod yn union pam nes i benderfynu bo' fi dal ishe ennill bywoliaeth ar lwyfan. Ar ddiwedd y dydd, ma'r groten fach 'na a'th lan ar y llwyfan cyn iddi fod yn dair blwydd oed dal yn byw yndda i – ac ma hi'n un ddiawledig am fod ishe serennu.

Trafferth Mewn Tafarn

HYWEL PITTS

Roedd hi'n ddiwrnod llethol o Orffennaf, ac a dweud y gwir, doedd gen i'm owns o fynadd perfformio'r noson honno. O'n i wedi treulio'r dydd yn gweithio ar brosiect hynod o gyffrous – un o'r rheini sy'n gyfuniad perffaith o hwyl a her – ac o'n i wedi ymgolli'n llwyr yn y gwaith. O'n i'n gwybod yng nghefn fy mhen 'mod i'n perfformio'r noson honno: angen pacio'r car am chwech, gadael tua hanner awr wedi, rhoi digon o gyfle i fi osod yr offer a testio'r sain. Ond roedd y clocia'n gyflymach y diwrnod hwnnw am ba bynnag reswm, ac mi ddoth chwech o'r gloch heb i mi sylwi. A hanner awr wedi.

Rhuthrais lawr y grisiau mewn panig am ugain munud i saith. *Mai'n oce, ma gen i dal amser, 'mond yng Nghaernarfon mae'r gìg, 'mond lawr lôn.* Roedd fy ngêr i gyd yn dal yn y lownj ers i mi'i ddympio fo yno ar ôl gìg ddechrau'r wythnos. Hawdd. Nes i bigo'r system sain i fyny, sgipio allan i 'nghar a'i rhoi yn y bŵt; trip arall efo'r biano. *Fydda i yna ar amser – fydd hi'n ffain!* Yn ôl i'r tŷ – un trip arall i nôl y gitâr. Nes i 'i lluchio hi dros fy ysgwydd a theimlo rhywbeth gwlyb ar fy nghefn.

Roedd y gath wedi defnyddio fy nghas gitâr fel lle chwech. Twat.

Ugain munud arall – ugain munud doedd gen i ddim i'w sbario – yn mynd drwy hanner rolyn o Regina Blitz, yn trio'n ofer i fopio pi-pi fy nghath mewn da bryd i gyrraedd y sioe ar amser. Yn y diwedd nes i golli amynedd, trochi'r cas gitâr mewn disinfectant a Febreze a'i hongian ar y lein i sychu, a mynd â'r offeryn yn ddi-sach yn y sêt ffrynt i lawr i ddinas dethol.

Wrth i mi frasgamu tuag at ddrws y dafarn, gwelais fy wyneb bach hapus ar y poster yn y ffenest gyda 'HYWEL PITTS – MYNEDIAD AM DDIM!' mewn ffont mawr coch oddi tano, yn ogystal â'r amser. Hanner awr wedi saith. A dyma fi'n cerdded i mewn am hanner awr wedi saith ar y dot – wps.

Mae'r dafarn dan sylw wedi ei rhannu'n ddwy, ardal yr yfwyr ac ardal y gìgs, y ddwy wedi cael eu haddurno'n hynod chwaethus, a'r ddwy ar yr achlysur hwn yn gwbl wag, oni bai am ddwy ferch ifanc y tu ôl i'r bar a thri Sais yn eu chwedegau yn cael drinc yn y gornel.

"Haia! Lle 'dach chi'sio fi?" gofynnais.

"Wel… yn y gornel yna'n ddelfrydol," meddai'r brif farforwyn, gan bwyntio at y Saeson. "Dw i 'di gofyn iddyn nhw symud, sori – maen nhw'n dweud y gnân nhw ar ôl gorffen y peint yma."

Nes i ddiolch iddi a gwneud ambell drip yn ôl a 'mlaen

o'r car, gan ddechrau gosod yr offer wrth ymyl y bwrdd o bobl ddŵad. Roedden nhw'n cael sgwrs ddigon diniwed am griced neu viagra neu rywbeth boring, nes i un droi at y llall a gofyn: *"What's that smell?"* Sylwais fy mod i, yn fy mrys, wedi anghofio newid allan o'r crys T piso cath. Atebais y trisais, yn fy nghrys drewsawr, "That'll be me. I'm afraid I'm covered in piss. Don't worry – it's not human piss! Are you here for the show?" Mi adawon nhw'n o handi, heb ateb fy nghwestiwn.

Yn ara deg, llenwodd y dafarn. Ambell berson wedi dod yn unswydd i 'ngweld i, chwarae teg iddyn nhw; ambell un wedi camddeall y poster ac wedi dod i wylio Mynediad am Ddim – anlwcus; ambell berson dipyn bach yn flin efo'r boi drewllyd yn y gornel yn sbwylio'r profiad o craft IPAs efo'i ganeuon gwirion. Oedd o 'di bod yn gyfnod prysur ofnadwy arna i, a do'n i heb sgwennu deunydd newydd ers misoedd, felly i gadw pethau'n ffres ar gyfer y gìg yma, nes i sgwennu enw pob cân oedd gen i – rhai hen a hŷn – ar ddarnau bach o bapur, a'u rhoi nhw mewn gwydr peint ar fwrdd gwag yng nghanol y stafell. Y bwriad oedd i'r gynulleidfa bigo cân, ac wedyn y baswn i'n rhoi'r cyd-destun iddi a'i chwarae hi.

Y gân gyntaf o'r gwydr oedd 'Ras y Sach' – cân egnïol am daith sberm a ysgrifennais efo'r Welsh Whisperer bron i ddegawd ynghynt. Perfformiad digon blêr gen i, a chymeradwyaeth oedd yn teimlo'n fwy cydymdeimladol na'm byd arall, ond dechrau gweddol i'r sioe. Y gân nesaf o'r gwydr oedd 'Llif' – cân gwbl gynganeddol ysgrifennais i fel jôc ddiangen o gymhleth ar gyfer Cabarela Eisteddfod Boduan. Gafodd hi'r un ymateb gan gynulleidfa Caernarfon ag y cafodd hi gan fy ngwraig: "Mae hi'n glyfar, ond 'di hi'm yn ffyni…" Roedd un neu ddau yn craffu i glywed y cynganeddion, ond chafodd fy nghlyfrwch i fawr o argraff ar y gweddill. Roedd yr ymateb yn fy atgoffa pam nes i ei sgrapio hi cyn y sioe ym Mhen Llŷn, ac ysgrifennu 'Rhwydwaith Menywod Cymru' yn ei lle.

Ar ôl dechrau digon ansicr ges i rediad o ganeuon gwell, ac mi ffeindiais fy ngrŵf. 'Mwnci Mawr Porffor', 'Pwdin', 'Mam Steddfod'… roedd y gynulleidfa (neu'r rheini oedd yno i 'ngweld i beth bynnag) yn eithriadol o gefnogol, yn chwerthin a chlapio yn y llefydd cywir i gyd. Ar ôl perfformiad brwdfrydig o 'Ceidwad y Cledd' (cân o fawl i aelod mwyaf hynci'r Orsedd), roedd hi'n amser i rywun arall bigo cân. Digwydd bod, oedd 'na ddyn yn cerdded drwy'r stafell o ardal y bar, tuag at y tai bach. Doedd o'n amlwg ddim yno i 'ngwylio i, ond nes i jansio'n lwc: "Haia, sgiws mi, syr! Sori! Newch chi… 'Sa chi'n meindio tynnu cân allan o'r…" Ges i'n anwybyddu'n llwyr – cywilydd. Fel 'san ni'n ddeud yng Nghaernarfon: ges i jaman.

Nes i drio ysgafnhau'r sefyllfa annifyr gan annerch y gynulleidfa: "Wel, digon teg – ella bod o'm yn dallt Cymraeg. Neu ella bod o jyst rili angen pi-pi… Neu nymbyr tŵ! Dw i'm isho bod yn rhagfarnllyd, mae'n rhaid i bawb bŵ weithiau, wrth gwrs – hiwmans 'dan ni i gyd, de? Neith rhywun arall bigo cân, plis?" Rhoddodd rhywun law yn y gwydr a gweiddi'r enw oddi ar y papur.

"Ocê, mae hon yn gân drist. Am y math o dristwch mae rhywun yn ei deimlo am gyflwr y byd, dim y math o dristwch mae rhywun yn ei deimlo pan maen nhw'n cael eu hanwybyddu wrth wneud gìg. Ond hei, fydd y boi 'na allan o'r toiled mewn munud ac ella neith o werthfawrogi hon. Er, os 'di o dal yna ar ddiwedd y gân yma, ella bod o'n cael nymbyr thrî – mae'n gân hir!"

Dechreuais ganu. Tydy pennill cyntaf y gân benodol hon ddim yn ddoniol *o gwbl*, ond ddoth 'na gigls di-ri o un o'r byrddau o bobl a *oedd* yno i 'ngweld i, wrth iddyn nhw weld y dyn yn dod allan o'r lle chwech ac yn sefyll ar ymylon y stafell yn syllu arna i. Nes i barhau i ganu'r faled hileriys, ond doedd 'na'm cymaint o chwerthin â'r arfer. Roedd 'na ryw densiwn rhyfedd yn y stafell, diolch i bresenoldeb bygythiol hogyn y bogs. Nes i chwarae un arall i gloi'r hanner cyntaf – cân nonsens am sut 'sa hi'n well gen i fod yn ddynfarch na'n ddigrifwr (oedd yn gwbl wir ar y foment honno) – cyn torri am egwyl fach.

Yn ystod hanner amser, daeth y dyn chwyrn o'r chwechle i fyny ata i, wrth i fi sgwrsio'n ddidaro efo ambell ffrind oedd wedi dod i 'nghefnogi ar y noson. Ac wrth gwrs, mi rois i'r amser iddo (dw i wastad yn hapus i siarad efo'r ffans).

"Doedd hynna'm yn neis iawn, nag oedd?" medda fo. "Be 'udis di tra o'n i'n y toilet?"

Nes i synnu at y sylw. "Sori, be 'udis i?"

"Ti'n gwbod be 'udis di," oedd ei ateb. Roedd ei dôn yn dawel, bron yn hamddenol – ond roedd o'n siarad drwy ei ddannedd. Nes i droi at fy ffrindiau i jecio oedden nhw'n deall be o'n i 'di'i ddeud o'i le, ond roedden nhw i gyd yn sbio ar eu traed yn anghyfforddus.

"Dw i'm yn meddwl nes i ddweud dim byd *offensive...*"

"Ma hynna'n *subjective*, yndi?" atebodd, yn gwbl ddilys.

"Wel, yndi, ti'n iawn! Dw i'n rili sori os ti 'di cymryd rwbath 'udis i'r ffor rong, do'n i'm yn trio ypsetio chdi."

"O, so arna fi ma hyn felly, ia?"

"Wel, na, hei – dw i'n cymryd cyfrifoldeb llwyr dros be 'udis i." O'n i 'di cynhyrfu rhywfaint ar y pwynt yma, ond wedi drysu yn fwy na dim. "Dw i'm yn meddwl nes i ddeud dim byd sarhaus, a nes i'n sicr ddim trio, ond dw i'n rili sori os nes i ypsetio chdi... A dw i'n hapus i fynd fyny 'na yn yr ail hanner ac ymddiheuro o flaen pawb, os dyna ti'sio!"

Dw i wedi dysgu, drwy fy magwraeth a phrofiad bywyd, bod hi'n bwysig cymryd cyfrifoldeb dros unrhyw gamgymeriadau ac ymdrechu i wneud yn well yn y dyfodol, yn enwedig pan mae'r camgymeriadau yma'n cael effaith niweidiol ar eraill. Dw i hefyd wedi dysgu bod safbwynt pawb yn wahanol, ac nad ydy profiad un person yr un fath â phrofiad y person nesaf; mae hi'n hanfodol bwysig parchu straeon pawb, ac os mai stori'r dyn yma oedd 'mod i wedi codi cywilydd arno rywsut, pwy o'n i i wadu hynny?

Felly, ro'n i'n meddwl mai'r peth iawn i'w wneud yma oedd cydnabod 'mod i wedi cyfrannu at ei brofiad gwael o, dangos edifeirwch, ymddiheuro, a chynnig ffyrdd o wella'r sefyllfa. A dyna nes i. Felly nes i synnu wrth glywed y geiriau nesaf o'i geg:

"Bacia dy hun tro nesa, achos ti'n edrych fath â pwsi."

Ges i 'nrysu gan y frawddeg hon am sawl rheswm. Yn gyntaf, mae hi'n awgrymu bod 'pwsi' ry wsut yn rhywbeth anffafriol i fod. Pwy 'sa ddim isho bod yn bwsi? Maen nhw'n hyfryd, yn hoffus, yn ddel. Mae hanner y byd yn eu haddoli. A gnân, weithia mi wnân nhw biso yng nghas eich gitâr funudau cyn i chi orfod gadael y tŷ, ond ar y cyfan maen nhw'n grêt.

Hefyd, ei ymateb i fi'n ymddiheuro oedd: "Bacia dy hun..." Be?! Mae hynny'n teimlo i fi fel ffordd eithriadol o wael o ddelio efo sarhad. "Ti 'di codi cywilydd arna i – na, paid â dweud sori – hitia fi. Hitia fi'n galad. Plyga fi dros dy lin a chwipia 'nhin i, Dadi – dyna dw i'n haeddu." Dim i *kink-shame*io neb, wrth gwrs, pawb at y peth y bo. Ond 'sa well gen i ymddiheuriad fy hun.

Rhoddodd o slap ar fy ysgwydd a cherdded i ffwrdd, a nes i weiddi ar ei ôl o, "Dw i'n rili sori os nes i frifo dy deimlada!"

Aeth gweddill y noson heibio'n ddigynnwrf (heblaw, wrth gwrs, am y cynnwrf o weld un o ddiddanwyr blaenllaw Cymru yn mynd drwy ei bethau). O'n i'n falch iawn o weld dyn blin y tŷ bach yn gadael rhyw dair cân i mewn i'r ail hanner, ac yn fwy balch ei fod o ddim yn disgwyl amdana i'r tu allan i'r pyb efo llond hosan o farblis. Ond paid â phoeni, doiled-ddyn, dw i wedi dysgu fy ngwers. Y tro nesaf dw i'n pechu rhywun ar ddamwain, mi fydda i'n siŵr o beidio â bod mor ffôl ag ymddiheuro.

Y bore wedyn, nes i ddeffro'n dal i deimlo'n giami am dramgwyddo'r dieithryn ar ddamwain; ond mi gofiais i'n sydyn bod fy nghas gitâr yn lân neis ar y lein ddillad, ac mi wnaeth hynny i fi deimlo'n well am eiliad – cyn i mi fynd allan i'w nôl a sylwi bod 'na wylan wedi cachu drosto fo. Helynt ni ddaw ei hunan.

Nos Fercher Randym

CARYL BURKE

Mae rhai pobl yn meddwl bod stand-yp yn eitha' *glamorous*. Mi oeddwn i beth bynnag... O'n i'n dychmygu theatrau crand, cynulleidfaoedd addolgar a *green rooms* moethus. O fewn chydig o fisoedd o drio bod yn stand-yp, nes i sylweddoli pa mor *un-glamorous* ydi'r realiti. (Ydi *un-glamorous* yn air?! Dwi'm yn meddwl bod o... ond 'dach chi'n gw'bod be dwi'n feddwl!).

Yn sydyn iawn nes i sylweddoli mai prin iawn ydi gìgs mewn theatrau crand, ond pur amlach yng nghornel pyb hefo meic sydd prin yn gweithio, ac yn lle unrhyw fath o lwyfan mae 'na garped gludiog. A *green room?!* HA! Unwaith nes i gyrraedd gìg ac mi ges i 'ngyrru i 'ardal yr artistiaid' a oedd, dim jôc, yn fwrdd hefo tair cadair drist yng nghornel y stafell a dim byd mwy na dau *shower curtain* o IKEA wedi'u clymu i rac ddillad.

Mae o'n rhywfaint o gysur i mi fod rai o'n ffrindiau hefyd wedi dychmygu fod stand-yp yn *glamorous* a dyna pam fod rhai wedi ysu i ddod hefo fi, ond mi oedd y realiti'n sydyn iawn yn eu taro nhw hefyd. A dyna ddigwyddodd

mewn un gìg sydd wedi bod yn anodd ei anghofio, a choeliwch fi, dwi wedi trio 'ngora glas i anghofio am y noson yma…

Nes i aros chwe mis cyn gadael i un o'n ffrindiau gorau ddod hefo fi i wylio gìg. Mae trio, a methu, gneud i stafell yn llawn o bobl chwerthin yn *embarrassing* – wrth gwrs ei fod o – ond mae trio, a methu, â gneud i stafell yn llawn o bobl chwerthin o flaen dy ffrind gora gymaint gwaeth. Beth bynnag, ddoth Rachael hefo fi un noson i gìg ar gyrion Lerpwl ac er i mi drio fy ngora i reoli'i disgwyliadau hi, mi oedd hi am ba bynnag reswm dal yn gyffrous i ddreifio hefo fi am ddwy awr i Bebington ar nos Fercher randym…

Mae Rachael yn un o'n ffrindia gora fi. Naethon ni gyfarfod ym Mhrifysgol Bangor yn y flwyddyn gyntaf pan oedd y ddwy ohonan ni'n astudio addysg gynradd. (Fyddwch chi'n falch o glywed 'mod i wedi newid fy meddwl am fod yn athrawes cyn gorffen y cwrs ac felly ddim yn gyfrifol am ddysgu ac ysbrydoli'r genhedlaeth nesaf). Ar ôl y flwyddyn gyntaf, 'nath Rachael a finna benderfynu byw hefo'n gilydd am y ddwy flynedd oedd ganddon ni'n weddill yn y Brifysgol. Fi oherwydd fod Rachael yn drefnus ac yn lot o hwyl; Rachael oherwydd ei bod hi wedi'i gadael hi'n rhy hwyr i ffendio *flatmate* gwell, dwi'n cymryd. Yn ystod y ddwy flynedd o fyw hefo'n gilydd, mi welodd Rachael fi'n feddw, yn *hungover*, yn strèsd, yn hapus, yn *hangry,* yn gneud y *walk of shame* a bob dim arall yn y canol – felly fysa' chi'n meddwl bod hi'n anodd iawn i mi deimlo embaras o'i blaen hi. Dwi'n meddwl mai dyna pam mai hi gafodd fod y ffrind cyntaf i ddod i gìg hefo fi, oherwydd er 'mod i wrth fy modd yn gigio, mae o yn gallu bod yn beth unig ofnadwy; dim ond chdi yn y car yn trio cofio dy set ar y ffordd i'r gìg, dim ond chdi ar y llwyfan, dim ond chdi'n eistedd tu ôl i'r IKEA *shower curtain* yn aros am dy giw. Fydd hi'n neis cael cwmni am *change* nes i feddwl. Dim mor neis i Rachael pan naethon ni gyrradd a gweld bod *Google Maps* yn gyrru ni tuag at eglwys, heibio arwydd mawr yn datgan 'Priest's Entrance Only!'. Edrychodd y ddwy ohonon ni ar ein gilydd yn reit syn, gan feddwl... siawns bod y gìg ddim mewn eglwys, nadi?! Ond i fod yn onast, pwy a ŵyr hefo'r gìgs dwi'n eu derbyn, heb sbïo'n iawn lle ma' nhw! Ond na, yn y dafarn **tu ôl** i'r eglwys mae'r gìg. Diolch byth!

Byrhoedlog oedd ein rhyddhad yn anffodus...

Naethon ni gerdded i mewn i'r dafarn ac hei, oedd hi'n *packed* yna! Grêt! Mi oeddwn i'n obeithiol fysa hi'n gìg dda hefo cynulleidfa fawr, fywiog. Ond pylodd yr optimistiaeth reit handi pan welais i bod 'na ddim sôn am lwyfan na meicroffon... rhyfadd hefo'r holl bobl lawen yma yn edrych fatha'u bod nhw'n barod i chwerthin hefyd...

Mi oedd y *barmaid* yn ddigon cyfeillgar wrth iddi'n cywiro ni.

"Ah, no babe, the comedy night's next door."

A! Ocê, ma hyn yn gneud mwy o synnwyr. Yn y

stafell drws nesa mi **oedd** 'na lwyfan, a meicroffon, a chomedïwyr eraill (chwech arall i fod yn fanwl, saith felly yn cynnwys fi. Mae'r union rif yn berthnasol, dwi'n gaddo…). Ond be oedd **ddim** yna, dwi'n clywed chi'n gofyn? Cynulleidfa. Dim un person wedi dod i wylio'r gìg. Wel, mi oedd 'na **un** person wedi dod i wylio'r gìg. Un person unig oedd yn trio'i ora i fod yn gefnogol, ond yn amlwg yn difaru dreifio hefo fi am ddwy awr i Bebington ar nos Fercher randym.

Rachael druan. I fod yn deg, mi o'n i wedi trio deud wrthi bod stand-yp ddim yn *glamorous*!!

"Ym… ydi bob gìg fel 'ma?"

Fyswn i wedi bod wrth fy modd yn deud wrthi mai eithriad oedd y sefyllfa yma, ond yn anffodus… na, dydi hwn ddim y tro cynta i mi gyrraedd gìg dim ond i sylweddoli fod yna fwy o gomedïwyr yna na phobl yn y gynulleidfa. Mi oedd y comedïwyr eraill yn lot fwy profiadol na fi ac mi oeddan nhw'n *unphased* o weld cyn lleiad o gynulleidfa yna.

I roi halen ar y briw, mi oedd y bar yng nghanol y ddwy stafell, felly hawdd iawn oedd clywed yr hwyl oeddan nhw'n gael drws nesa. A'r hoelen olaf yn arch y cywilydd oedd y noson yma wedi troi allan i fod yn barod oedd deall mai drws nesaf (os cofiwch chi, oedd yn llawn bywyd, hwyl a difyrrwch), nid unrhyw barti mohono gyfeillion ond… te c'nebrwng.

(Fyswn i wrth fy modd gallu cyfadda 'mod i'n gneud hyn i fyny; mae'r eironi bod 'na fwy o fywyd mewn te c'nebrwng nag oedd yna mewn gìg gomedi yn dal i 'nghadw fi'n effro. Mae o'n lot fwy doniol nag unrhyw jôc dwi 'di'i sgwennu, yn anffodus).

Ia wir, mi oedd y galarwyr yn Stafell 1 yn cael lot mwy o hwyl nag oedd yr wyth ohonan ni'n gael yn Stafell 2… mewn gìg gomedi. Weithia, mae hi'n anodd dyfalu sut mae gìg am fynd cyn i chdi gamu ar y llwyfan, ond mi oedd hi'n **amlwg** sut oedd yr un yma am fynd, yn doedd?!

Wel… yn rhyddhad mawr i bawb (neb mwy 'na Rachael druan!), mi nath 'na fwy o bobl droi i fyny i'r gìg cyn i ni gychwyn ac mi gafon ni hyd yn oed ambell westai o drws nesa'n ymlwybro draw atan ni yn eu siwtiau du gora. Erbyn i'r gìg gychwyn, mi oedd 'na 27 o bobl yn eistedd yn y gynulleidfa (wrth gwrs, mae hynny'n cynnwys y saith comedïwr hefyd ond hei, *every little helps* – fel fysa Tesco'n ddeud, de).

Fel fysa' chi'n ddisgwyl, mi oedd yr MC druan yn gorfod gweithio'n reit galad i g'nesu'r gynulleidfa, i ddechra hefo'i, ond yn ara' deg fe ymunodd pawb yn ysbryd y noson ac mi oedd pawb yn chwerthin mewn dim.

Mi oedd o fath â ryw *mass hysteria*. Rhwng yr heclwr meddwol yn y rhes flaen oedd yn trio gorffan pynshleins pawb iddyn nhw; y tri dyn mewn siwtiau duon oedd yn llawn *vol-au-vents*, *sausage rolls* a galar; a fi a Rachael yn eistedd yna'n cwestiynu bob penderfyniad o'ddan ni wedi'i neud erioed a oedd wedi'n harwain ni at yr eiliad yma... Dwi'n meddwl, ar ryw bwynt, 'nath pawb ryw benderfynu cofleidio'r *chaos* oedd ohoni a gneud y mwya o'r sefyllfa a jyst chwerthin.

Be arall sydd i'w neud mewn sefyllfa fel'ma, de?!

Mi oeddwn i – a dwi dal yn, i fod yn onast – yn mynd rhy nyrfys cyn gìg i f'yta, felly'n aml ar y ffordd adra mi fydda i'n llwgu. A pha ffordd well o gael *debrief* ar ôl noson gythryblus a thrawmatic na dros fyrgyr a Diet Coke gyda'ch ffrind gora mewn maes parcio McDonalds am 01:00 y bora? Be arall o'n i'n mynd i'w neud hefo'r £20 gwerthfawr o'n i wedi'i ennill yn y gìg, de?! Lwcus, mewn ffordd, achos mi oedd y ddwy ohonan ni angen amser i brosesu'r noson oeddan ni newydd 'i goroesi.

Dwi'n siŵr bod 'na wers i'w dysgu yma'n rwla, ond dwi'm yn siwr be'n union ydi hi.

Ella ddyliwn i fod wedi darllen brîff y gìg yn iawn cyn cytuno i'w neud o... ond mae pobl wasdad yn deud mai amsar ar lwyfan ydi'r peth fwya' gwerthfawr wrth gychwyn stand-yp!

Ella ddyliwn i fod wedi edrych i weld lle yn union mae Bebington cyn ymrwymo i yrru yna am £20... ond hei! ma'i bob amsar yn braf cael crwydro rhan wahanol o'r DU, yn enwedig un fyswn i'n bendant ddim wedi ymweld â hi fel arall (a dwi heb fod yn ôl yna chwaith, gyda llaw).

Ella na ddyliwn i fod wedi gwahodd Rachael... ond mae gigio'n gallu bod yn unig iawn ac o'dd hi'n braf cael cwmni! Ac i ddeud y gwir, dwi ddim yn siŵr fysa 'na neb wedi 'nghoelio fi taswn i'n deud wrthyn nhw am y gìg yma, heblaw am ei bod hi yna hefo fi… O'n i angen tyst!!

Ond yn y bôn, alla i'm difaru dim achos dyna sut ges i un o'r nosweithia fwya' *embarrassing*, dryslyd, chwithig, *humbling* a doniol erioed… ar ôl dreifio dwy awr i Bebington ar nos Fercher randym.

Rymbl yn y Tymbl

GARY SLAYMAKER

'Nôl yn y 90au cynnar, fues i'n rhan o'r daith stand-yp Gymraeg gynta erioed; yng nghwmni Gethin Thomas, Daniel Glyn, Jâms Thomas, a sawl pŵr dab arall gath ei lusgo mewn i'r holl wallgofrwydd. Trafeilon ni'r wlad, o Gaerdydd i Gaernarfon, gan alw heibio Abertawe, Aberystwyth, a Llambed; ac ynghanol yr hwyl i gyd, nethon ni hefyd ymweld â Chlwb Rygbi y Tymbl.

A'th pedwar ohonon ni lawr o Gaerdydd mewn car – fi, Gethin Thomas, Martyn Geraint (ie, y feri un), a'n consuriwr ni, Sib (neu, i roi ei deitl swyddogol artistig iddo, The Bastard Son of Tommy Cooper). Ro'dd Jâms Thomas yn rhan o'r noson hefyd, ond o'dd e wedi mynd lan i Lundain ar ei fotor beic am glyweliad i ga'l rhan mewn drama y bore 'ny, a bydde fe'n dod ato' ni nes 'mlân yn y noson.

O'dd hi siŵr o fod adeg gaeaf, achos o'dd hi'n blydi oer pan gyrhaeddon ni'r clwb yn y Tymbl. O'dd y lle yn wag, heblaw am y stiward o'dd yn sefyll tu ôl i'r bar yn darllen papur newydd.

"Helo 'na," medde Gethin. "Ni 'ma am y noson stand-yp."

"'Chi ddim," medde'r stiward. "Wythnos nesa ma hwnna 'mlân."

Dangosodd Geth y cytundeb i'r stiward, gan bwyntio allan y dyddiad.

"Digon teg, te. Ond allech chi ddim wedi pigo noson wa'th. Heno, ni'n dewis capteinied y Firsts, Seconds a'r Under 15s. 'Sdim amser 'da'r bois 'ma am gomedi." Dim y dechre delfrydol i'r noson.

'Nôl yn y dechre fel hyn, do'dd dim MCs gyda ni i arwain y noson, dim ond un ohonon ni'n cyhoeddi'r perfformwyr cyn iddyn nhw gyrraedd y llwyfan. O bosib, diffyg hyder gan bob un ohonon ni i gynnal noswaith, neu jyst awyddus i glatsho bant gyda chyn lleied o ffwdan â phosib. 'Nath y 'mewn a mas' cyflym weitho o'n plaid ni'r noson hynny. Anoddach i fwrw *moving target* 'chweld.

Dechreuon ni osod yr offer ar y llwyfan, ac wrth i ni wneud hynny, dyma fyddin o ddynion cyhyrog a blewog yn crwydro i fewn i'r stafell – a jyst yr Under 15s o'dd rheina.

Ynghanol y criw o'dd un o drigolion Cwmderi, Gwyn 'Denzil Lori Gaca' Elfyn. Da'th e draw ato' ni i ga'l gair, neu'n hytrach i weud 'thon ni beth o'dd e'n 'i ddisgwyl o'r noson. "Bach o hiwmor coch yn iawn bois, ond dim byd crefyddol, reit?" A hon o'dd y llinell 'nath aros yn y cof: "Falle'n bod ni yn y clwb rygbi ar nos Sadwrn, ond 'yn ni gyd yn y capel bore Sul."

Martyn Geraint o'dd y cynta i berfformio, gyda phâr o *deely boppers* ar ei ben (*headband* gyda dau sbring yn dod allan o'r top, a dwy belen arian ar ben y sbrings – o'dd e'n beth yn yr 80au; gofynnwch i'ch rhieni). Y syniad o'dd bod e wedi dod o'r dyfodol, ac yn mynd i weud 'thon ni gyd shwt siâp fydde ar Gymru dros y can mlynedd nesa. Alla i'm gweud bo' fi'n cofio lot o'r set, ond o'dd 'na un gag bendigedig gyda fe: "Yn y dyfodol, ma [seleb Cymreig anhysbys] mor denau, mae bellach yn *plotline* ar *Pobol y Cwm*." Ro'dd honna'n berlen, 'whare teg (ro'dd hi'n oes lai goleuedig bryd hynny)... ond o'dd yr olwg ar y bois yn y gynulleidfa'n bictiwr. O'dd e fel gwylio rhywun yn treial esbonio *quantum physics* i haid o wartheg. Yn go gloi ar ôl y berlen, 'nath y dynion i gyd godi ar eu traed a gadael y stafell (i bleidleisio am eu capteiniaid newydd, yn amlwg), ac fe gariodd Martyn 'mlân fel 'se dim byd o'i le – er bod ei gynulleidfa newydd fynd o 50 lawr i dri. Ma'r boi'n pro llwyr.

Ro'dd 'na hanner dwsin o bobol gyda ni erbyn i Gethin Thomas gamu lan at y meic. Dryswch llwyr yw'r unig derm alla i feddwl amdano i ddisgrifio set Geth. O'dd e bach rhy soffistigedig i'r Tymbl (dim y tro cynta i'r frawddeg 'na ga'l ei defnyddio, wy'n amau). Yr unig jôc gath ryw fath o ymateb o'dd, "Wy'n cofio'n wejen seriys gynta i... o'dd y rest yn gwenu, ond o'dd hi'n rili *serious*." O'dd e'n gymysgedd o 'wherthin a pheswch. Os wy'n cofio'n iawn, bennodd Geth ei set yn gynt na'r arfer.

Cyrhaeddodd Jâms; a'r pŵr dab yn blydi sythu ar ôl

ei daith lawr o Lundain ar y beic. Taflon ni *treble brandy* yn ei law, a'i wthio tuag at y llwyfan. Erbyn hyn, o'dd rhyw 20 gyda ni yn y stafell; ac fe gath Jâms wrandawiad teg, ond o'dd rhai o'i jôcs crefyddol yn amlwg wedi codi gwrychyn. (Ro'dd wyneb Gwyn Elfyn yn bictiwr yn ystod y darn hyn o'i set.) Wedodd e wrthon ni, ddyddie yn ddiweddarach, bod cwpwl o fois lleol wedi'i gymryd e i'r naill ochor am air bach wrth iddo fe adael.

"'Ni'n bobol capel. O'dd beth 'wedoch chi lan ar y llwyfan yn warthus; ma 'whant arnon ni roi blydi gwd crasfa i chi."

Ateb Jâms: "Pobol capel? Wel, maddeuwch i fi."

O'dd Geth wedi gweud 'tho i ar ddachre's nos ma fi fydde'n cloi'r noson. "Wel, ti'n deall y math 'ma o bobol," medde fe. Mewn geirie erill, yn wahanol i weddill y criw, o'n i wedi gweld gemau rygbi byw, ac o'n i'n galler ifed. Ond cyn fy set i, o'dd hi'n amser i'r Tymbl gyfarfod y Bastard Son of Tommy Cooper.

Dechreuodd Sib ei set drwy lyncu cleddyf, a moesymgrymu 'da'r dam peth dal lawr ei gorn gwddwg. Wedyn ddechreuodd e hamro hoelon chwe modfedd mewn i'w drwyn. O'n i wrth y bar erbyn hyn yn gwrando ar ymateb y gynulleidfa, o'dd bellach yn cynnwys y bois rygbi i gyd unwaith eto. "O, gwd God"; "Wy'n teimlo'n sic"; "Be sy'n bod ar y boi?"; a "Ffycin hel, 'drych arno fe", o'dd y llinellau mwya poblogaidd glywyd yn ystod set masocistaidd Sib.

Diweddglo'r set o'dd gweld Sib yn llyncu darn o ede,

wedyn pump *razor blade*. Oedi am rai eiliadau, cyn rhoi ei fysedd yn ei geg, a thynnu'r edafedd mas gydag un… dau… tri… pedwar *razor blade* ynghlwm. Dechreuodd un neu ddau glapio, nes bo' nhw'n sylweddoli bod un *blade* ar goll. Ro'dd 'na olwg o arswyd pur ar wyneb Sib, ac yna fe besychodd lond ceg o waed, a chwmpo i'r llawr. Geth a fi 'nath lusgo'r 'corff' oddi ar y llwyfan, gyda sŵn clapo gwyllt tu ôl i ni.

Cyn mynd ymhellach, ddylen i weud ma wrth y bar fues i o'r muned gyrhaeddon ni… heblaw am fynd i helpu i gario 'y diweddar' Sib oddi ar y llwyfan. Wrth lorio un peint ar ôl y llall, o'n i'n sefyll yng nghefen yr ystafell, yn gwylio 'nghyd-gomedïwyr yn straffaglu i ga'l ymateb gan y gynulleidfa. Wedyn pan alwodd Geth fi i ddod i'r llwyfan, o'n i'n 'itha *relaxed*… *relaxed* jibidêrs, o bosib.

"Rhowch groeso i… Gary Slaymaker!" Ro'dd 'na ambell floedd a chlapo poléit, a weiddes i 'nôl at Geth, "Ffyc sêcs, wy'n trial prynu peint fan hyn. Fydda i gyda ti glatsh!" A'th 'na floedd fawr lan am y llinell 'na, o'dd yn neis. Tales am y peint a chamu i'r llwyfan.

Nawr, fe fydda i'n onest 'da chi, wy'n cofio dim o'r setiau comedi wnes i ar y daith gynta 'na… sy'n awgrymu 'u bod nhw'n 'itha shit… neu fydden i wedi cofio ambell jôc dda i'w chadw at y teithiau i ddod. Felly, pan agores i 'ngheg i adrodd y llinell gynta, o'dd y crowd yn weddol dawel. Ac fe ddigwyddodd yr un peth gyda'r ail linell. Cymres seibiant, tracht anferth o gwrw (gath hwnna "hwrê!" gan sawl un), a meddwl "ffyc it", man a man.

Anghofies i'r set yn gyfan gwbwl, ac am y chwarter awr nesa, dreies i gofio pob jôc Chubby Brown a Bernard Manning o'dd yn styc yn nyfnderoedd y cof a dachre 'u ratlan nhw off... yn Gymraeg. OK, o'dd rhai o'r *punchlines* mewn Saesneg llwyr, ond 'na'r unig ffordd allen i feddwl o ga'l ymateb, a falle achub fy nghroen y nosweth 'ny.

O'n i'n browd o beth nes i'r nosweth hynny? Blydi hel, nago'n; ond o leia o'dd y stafell yn 'wherthin ffit i bisho erbyn i fi bennu. Yr unig bryd es i *off piste* ynghanol y set o'dd pan weles i'r cwpwl 'ma'n cloncan 'da'i gilydd wrth i fi drial perfformo. Stopes i ynghanol y jôc, a jyst edrych yn grac arnyn nhw.

"Sori," medde'r boi.

Edryches i ato fe, "Wy'n trial gweitho fan hyn 'achan. Sa i'n dod i dy job di a slapo'r cocie mas o dy geg di, ydw i?"

Bloedd o chwerthin gan y gynulleidfa, a finne'n rhoi winc fach i McNabs, i ddangos ma dim ond tynnu co's o'n i'n neud.

Gofynnes i'r pâr, "'Chi'n briod?"

"Na, brawd a chwaer," medde fe.

"'Run peth rownd ffordd hyn, nagyw e?" Chwerthin gwyllt ac aflafar wedyn; o'dd yn dda i'w glywed, wrth feddwl bo' fi newydd alw trigolion y Tymbl yn *inbred*.

Peth nesa wy'n gwbod, ma'r geiriau, "O'ch chi'n gynulleidfa; o'n i'n Slaymaker. Diolch yn fawr a nos da", yn dod allan, ac fe adewais i'r llwyfan, a mynd yn syth 'nôl i'r bar.

Nethon ni roi'r *gear* i gyd 'nôl yn y car, a phenderfynu ffarwelio gyda'n cynulleidfa. O'n i 'na am hanner awr deidi yn gweud nos da, ac o'dd hi'n neis ca'l pobol yn dod lan i weud bo' nhw wedi joio. Ond tri o'r bois rygbi (o bosib capteiniaid newydd y Firsts, y Seconds a'r Under 15s) fynnodd ga'l y gair ola.

"'Whare teg, enjoion ni hwnna. Wel… gei di ddod 'nôl, a'r ffycin nytyr 'na o'dd yn hamro hoelion mewn iddi wep… ond gad y rest getre; a'r tro nesa, dewch â stripars gyda chi."

Wy 'di ca'l gwath adolygiade dros y blynyddoedd.

A dyna o'dd hanes y gìg yn y Tymbl. I rai o'r bois o'dd gyda ni'r noson hynny, mae fel Vietnam Flashback – yn 'u dihuno nhw ganol nos, yn chwys domen. Ac mae bellach yn un o'r storïau 'na sydd wedi trafaelu o gwmpas y *circuit* comedi Cymraeg, bron fel darn o chwedloniaeth.

Es i byth 'nôl i Tymbl i wneud stand-yp, ond rhyw 15 mlynedd yn ddiweddarach o'n i yn y pentre i recordio pennod o'r sioe newyddion ddychanol, *Bwletîn*, ar gyfer Radio Cymru… ac o'dd honna'n noson shit hefyd.

Byth eto, bois. Byth eto.

Hefyd o'r Lolfa:

£5.99